LE

DERNIER CHOUAN.

IMPRIMERIE DE J. TASTU,
RUE DE VAUGIRARD, N. 36.

LE

DERNIER CHOUAN

OU

LA BRETAGNE EN 1800,

PAR M. HONORÉ BALZAC.

> Elle était parfaitement belle.
>
> Elle lui dit : Qui suis-je pour résister aux désirs de mon Seigneur ? Faire votre volonté sera un sujet de joie jusqu'à ma mort.
>
> Elle frappa fortement deux fois son cou et lui sépara la tête du corps.
>
> JUDITH, ch. 8-12-13.

TOME PREMIER.

PARIS

URBAIN CANEL, LIBRAIRE,

RUE DES FOSSÉS-MONTMARTRE, N. 3.

1829

INTRODUCTION.

En prenant le sujet de son ouvrage dans la partie la plus grave et aujourd'hui la plus délicate de l'histoire contemporaine, l'auteur s'est trouvé dans la nécessité de déclarer ici, avec une sorte de solennité, qu'il n'a jamais eu l'intention de livrer au ridicule ou au mépris les opinions et les personnes. Il respecte les convictions; et, pour la plupart, les personnes lui sont inconnues. Ce ne sera pas sa faute si les choses parlent d'elles-mêmes et parlent si haut. Il ne les a ni créées ni révélées. Il n'a rien demandé à son imagination de tout ce qu'il a traduit sur cette espèce de scène, la seule où un auteur puisse trouver la liberté de la pensée pour exposer un drame dans toute sa vérité. Ici le pays est le pays, les hommes sont les hommes, les paroles sont les paroles mêmes; et les faits n'ont été reniés ni par les Mémoires publiés aux diverses époques de la Restauration ni par la République francaise. L'Empire seul les a ensevelis dans les ténèbres de la censure; et dire que cet ouvrage n'eût pas vu le jour sous le règne de Napoléon, c'est honorer l'opinion publique qui nous a conquis la liberté.

L'auteur a essayé d'exprimer un de ces événemens tristement instructifs dont la révolution française a été si féconde.

La présence de quelques intéressés lui a prescrit d'en accuser la physionomie avec une rigoureuse exactitude et de n'avoir que la passion permise au peintre : celle de bien présenter un portrait, de distribuer naturellement la lumière et de tâcher de faire croire à la vie des personnages. Mais ce mot d'exactitude veut une explication. L'auteur n'a pas entendu ainsi contracter l'obligation de donner les faits un à un, sèchement et de manière à montrer jusqu'à quel point on peut faire arriver l'histoire à la condition d'un squelette dont les os sont soigneusement numérotés. Aujourd'hui, les grands enseignemens que l'histoire déroule dans ses pages doivent devenir populaires. D'après ce système, suivi depuis quelques années par des hommes de talent, l'auteur a tenté de mettre dans ce livre l'esprit d'une époque et d'un fait, préférant la discussion au procès-verbal, la bataille au bulletin, le drame au récit. Donc, nul des événemens de cette nationale discorde, si petit qu'il soit, nulle des catastrophes qui ensanglantèrent tant de champs maintenant paisibles, n'ont été oubliés : les personnages s'y verront de face ou de profil dans l'ombre ou au jour, et les moindres malheurs y seront en action ou en principe.

Cependant, par respect pour beaucoup de gens dont il est inutile d'indiquer les hautes positions sociales et qui ont miraculeusement reparu sur la scène politique, l'auteur a eu soin d'atténuer l'horreur d'une multitude de faits. Il a singulièrement négligé de montrer la part que le clergé a eue dans ces entreprises désastreuses et inutiles. Cette timidité et ce respect sont nés à la lecture des procédures de quelques tribunaux révolutionnaires de l'Ouest, dont les débats, tout succincts et sommaires qu'ils soient, fourmillent de preuves légales qu'il eût été odieux de faire sortir de l'enceinte des greffes; quoique pour plusieurs familles, certains jugemens soient devenus des témoignages de dévouement et des titres de gloire.

Le caractère donné au *Dernier Chouan* est tout à la fois un hommage et un vœu. Il déposera de ce respect pour les convictions dont l'auteur est pénétré. Si certaines personnes minutieuses veulent rechercher quelle est cette noble victime tombée dans l'Ouest sous les balles républicaines, elles auront à choisir entre plusieurs gentilshommes qui succombèrent en dirigeant les insurrections de 1799. Mais quoique les qualités privées d'un jeune seigneur et les renseignemens donnés à l'auteur sur quelques chefs par un vieillard bien instruit des événemens, aient servi à perfectionner le caractère du *Dernier Chouan*, il se croit obligé d'avouer ici que le véritable chef ne ressemble pas tout-à-fait au héros de ce livre. En dénonçant ainsi les parties romanesques de l'ouvrage, il espère aider le lecteur à reconnaître la vérité des faits.

Les considérations politiques qui viennent d'être exposées ont engagé l'auteur à mettre son nom à un ouvrage qu'une défiance bien légitime pour un premier livre lui eût conseillé de cacher. Sous le rapport littéraire, il a réfléchi qu'il y a peut-être aujourd'hui de la modestie à signer un livre, lorsque tant de gens ont fait de l'anonyme une spéculation d'orgueil.

Quant à la fable du livre, il ne la donne pas comme bien neuve, l'épigraphe en fait foi, mais elle est déplorablement vraie ; à cette différence près, que la réalité est odieuse, et que l'événement qui emploie ici quatre à cinq jours, s'est passé en quarante-huit heures. La précipitation de la véritable catastrophe n'aura peut-être pas encore été assez adoucie; mais la nature s'est chargée d'excuser l'auteur.

Ignorant, au moment où il écrivait, les destinées de quelques acteurs de son drame, il a déguisé certains noms. Cette précaution, dictée par la délicatesse, a été étendue aux localités.

Le *district* de Fougères ne lui sera pas assez hostile pour venir l'accuser de l'avoir rendu le théâtre d'événemens qui se sont passés à quelques lieues de là. N'était-il pas tout naturel de choisir pour type de la *Bretagne en* 1800 un des berceaux de la chouannerie, et le site le plus pittoresque peut-être de ces belles contrées?

Beaucoup de personnes de goût et de petites maîtresses regretteront sans doute que l'auteur ne leur ait pas fait des chouans et des soldats républicains costumés et parlant comme les sauvages de la tragédie d'*Alzire* ou de l'opéra-comique d'*Azémia* sont vêtus et s'expriment, relativement aux vrais sauvages; mais il avait des problêmes plus sérieux à résoudre que celui de chercher à passer une robe à la Vérité.

Puisse cet ouvrage rendre efficaces les vœux formés par tous les amis du pays pour l'amélioration physique et morale de la Bretagne! Depuis trente ans environ la guerre civile a cessé d'y régner, mais non pas l'ignorance. L'agriculture, l'instruction, le commerce, n'ont pas fait un seul pas depuis un demi-siècle. La misère des campagnes est digne des temps de la féodalité, et la superstition y remplace la morale du Christ.

L'entêtement du caractère breton est un des plus puissans obstacles à l'accomplissement des plus généreux projets. La prospérité de la Bretagne n'est pas une question nouvelle. Elle était le fond du procès entre La Chalotais et le duc d'Aiguillon.

Le mouvement rapide des esprits vers la révolution a empêché jusqu'ici la révision de ce célèbre procès; mais lorsqu'un ami de la vérité jettera quelque lumière sur cette lutte, les physionomies historiques de l'oppresseur et de l'opprimé prendront des aspects bien différens de ceux que leur a donnés l'opinion des contemporains. Le patriotisme national d'un homme qui ne cherchait peut-être à faire le bien qu'au profit du fisc et de la royauté, rencontra cet étroit patriotisme de localité si funeste au progrès des lumières. Le ministre avait raison, mais il opprimait; la victime avait tort, mais elle était dans les fers; et en France le sentiment de la générosité étouffe même la raison. L'oppression est aussi odieuse au nom de la vérité qu'au nom de l'erreur.

M. d'Aiguillon avait tenté d'abattre les haies de la Bretagne, de lui donner du pain en introduisant la culture du blé, d'y tracer des chemins, des canaux, d'y faire parler le français, d'y perfectionner le commerce et l'agriculture, enfin d'y mettre le germe de l'aisance pour le plus grand nombre et la lumière pour tous : tels étaient les résultats éloignés des mesures dont la pensée donna lieu à ce grand débat. L'avenir du pays devenait une riche et féconde espérance.

Que de gens de bonne foi seraient étonnés d'apprendre que la victime défendait les abus, l'ignorance, la féodalité, l'aristocratie, et n'invoquait la tolérance que pour perpétuer le mal dans son pays! Il y avait deux hommes dans cet homme : le Français qui, dans les hautes questions d'intérêt national, proclamait, d'une voix généreuse, les plus salutaires principes; le Breton, auquel d'antiques préjugés étaient si chers, que, semblable au héros de Cervantes, il déraisonnait avec éloquence et fermeté aussitôt qu'il s'agissait de guérir les plaies de la Bretagne. La Chalotais Breton a trouvé des successeurs dans quelques hommes qui se sont récemment déclarés les protecteurs de l'ignorance de ce déplorable pays. Mais aussi M. Kératry a représenté l'autre La Chalotais pour l'honneur de l'homme, de sorte que cet illustre Breton ne pouvait être reconstruit qu'avec les deux opinions extrêmes de la Chambre.

Aujourd'hui, en 1829, un journal annonçait qu'un régiment français, composé de Bretons, était débarqué à

Nantes, après avoir traversé la France et occupé l'Espagne sans qu'aucun des hommes sût un mot de français ou d'espagnol. C'était la Bretagne ambulante, traversant l'Europe comme une peuplade gallique.

Voilà un des résultats de la victoire de M. de La Chalotais sur le duc d'Aiguillon.

L'auteur arrêtera là cette observation. Elle n'était pas de nature à entrer dans le livre, et ses développemens auraient trop d'étendue pour une introduction.

Si quelques considérations matérielles peuvent trouver place après tous ces *credo* politiques et littéraires, l'auteur prévient ici le lecteur qu'il a essayé d'importer dans notre littérature le petit artifice typographique par lequel les romanciers anglais expriment certains accidens du dialogue.

Dans la nature, un personnage fait souvent un geste, il lui échappe un mouvement de physionomie, ou il place un léger signe de tête entre un mot et un autre de la même phrase, entre deux phrases et même entre des mots qui ne semblent pas devoir être séparés. Jusqu'ici ces petites finesses de conversation avaient été abandonnées à l'intelligence du lecteur. La ponctuation lui était d'un faible secours pour deviner les intentions de l'auteur. Enfin, pour tout dire, les points, qui suppléaient à bien des choses, ont été complètement discrédités par l'abus que certains auteurs en ont fait dans ces derniers temps. Une nouvelle expression des sentimens de la lecture orale était donc généralement souhaitée.

Dans ces extrémités, ce signe — qui, chez nous, précède déjà l'interlocution, a été destiné chez nos voisins à peindre ces hésitations, ces gestes, ces repos qui ajoutent quelque fidélité à une conversation que le lecteur accentue alors beaucoup mieux et à sa guise.

Ainsi, pour en donner ici un exemple, l'auteur pourrait faire ce soliloque :

— J'aurais bien fait un errata pour les fautes qu'une impression achevée en hâte a laissées dans mon livre; mais — qui est-ce qui lit un errata? — personne.

LE DERNIER CHOUAN.

CHAPITRE PREMIER.

Dans les premiers jours de l'an VIII et au commencement de vendémiaire, ou, pour se conformer au calendrier actuel, vers la fin du mois de septembre 1799, une centaine de paysans et un assez grand nombre de bourgeois, partis le matin de Fougères pour se rendre à Mayenne, gravissaient la montagne de la *Pélerine*, située à mi-chemin environ de Fougères à Ernée, petite ville où les voyageurs qui font ce trajet ont coutume de se reposer.

Ce détachement, divisé en groupes plus ou moins nombreux, offrait une réunion de costumes si bizarres et d'individus appartenant à des localités et des professions si diverses, qu'il ne sera pas inutile de les décrire pour donner à cette histoire les couleurs vives auxquelles on met tant de prix aujourd'hui et qui, selon certains critiques, nuisent à la peinture des sentimens.

Quelques-uns de ces paysans, et c'était le plus grand nombre, allaient pieds nus, ayant pour tout vêtement une grande peau de chèvre qui les couvrait jusqu'aux genoux et un pantalon de toile blanche très-grossière, dont les fils mal tondus par le tisserand accusaient une malpropreté peu commune. Leurs longs cheveux tombant en mèches plates s'unissaient avec tant de complaisance et d'habitude aux poils de la peau de chèvre en cachant si complètement leurs visages baissés vers la terre, qu'on pouvait facilement prendre cette peau pour la leur, et les confondre, à la première vue, avec des bestiaux; mais à travers ces cheveux l'on voyait bientôt briller leurs yeux comme des gouttes de rosée dans une épaisse verdure; et ces regards, tout en annonçant l'intelligence humaine, causaient plus de terreur que de plaisir. Leurs têtes étaient surmontées d'un bonnet de laine rouge, semblable à ce bonnet phrygien que la république adoptait alors comme emblème de la liberté; et tous avaient sur l'épaule un gros bâton de chêne noueux au bout duquel pendait un long bissac de toile peu garni.

D'autres portaient, par-dessus leur bonnet, un chapeau de feutre grossier à larges bords et orné d'une espèce de chenille en laine de diverses couleurs qui en entourait la forme. Entièrement vêtus de cette toile dont étaient faits les pantalons et les bissacs des premiers, leur costume ne tenait à la civilisation que par de bien faibles liens. Leurs longs cheveux retombaient sur le collet d'une veste ronde à petites poches latérales et carrées qui n'allait que jusqu'aux hanches, habillement particulier aux paysans de l'Ouest; et sous cette veste ouverte on distinguait un gilet de même toile à gros boutons. Quelques-uns marchaient avec des sabots, tandis que d'autres tenaient leurs souliers à la main par économie.

En somme, ce costume sali par un long usage, noirci par la sueur ou la poussière, et moins original que le précédent, n'avait d'autre mérite historique que de servir de transition à l'habillement presque somptueux de ceux qui, plus rares, brillaient comme des fleurs au milieu de la troupe.

Ces derniers portaient des pantalons de toile bleue ; leurs gilets rouges ou jaunes et ornés de deux rangées de boutons de cuivre parallèles, étaient semblables à des cuirasses carrées ; ces gilets, ces pantalons de couleurs éclatantes, leur donnaient l'air, au milieu de leurs compagnons en vestes blanches, de bluets et de coquelicots dans un champ de blé. Quelques-uns étaient chaussés avec ces sabots que les paysans de la Bretagne savent faire eux-mêmes ; mais presque tous avaient de gros souliers ferrés et des habits d'un drap fort grossier, taillés comme ces anciens habits français dont le paysan garde encore religieusement la forme. Le col de leur chemise était attaché par des boutons d'argent qui figuraient ou des cœurs ou des ancres; leurs bissacs paraissaient mieux garnis que ceux des autres, et cinq ou six d'entre eux joignaient à leur équipage de route le luxe d'une gourde suspendue par une ficelle à leur cou.

Au milieu de cette troupe, çà et là, les citadins apparaissaient comme pour marquer le dernier terme de la civilisation de ces contrées. Coiffés de chapeaux ronds, de claques ou de casquettes, ayant des bottes ou des souliers maintenus par des guêtres, ils présentaient, comme les paysans, des différences remarquables dans leurs costumes. Une dizaine d'entre eux portaient cette veste républicaine, connue sous le nom de *carmagnole*; d'autres, comme de riches artisans, étaient vêtus, de la tête aux pieds, en drap de même couleur. Les plus recherchés dans leur mise se distinguaient à des fracs et des redingotes de drap bleu ou vert plus ou moins râpé. Ceux-là étaient de véritables personnages : ils avaient des bottes de diverses formes; ils badinaient avec de grosses cannes en gens qui font contre fortune bon cœur; et quelques têtes soigneusement poudrées, des queues assez bien tressées, annonçaient quelques lueurs d'éducation.

En considérant ces hommes comme ramassés au hasard et étonnés de se voir ensemble, on eût dit la population d'un petit bourg chassée de ses foyers par un incendie; mais l'époque et les lieux donnaient un tout autre intérêt à cette description d'hommes.

En effet un observateur, initié dans le secret des discordes civiles qui agitaient la France, pouvait facilement reconnaître le petit nombre de citoyens sur la fidélité desquels la république devait compter dans cette troupe, presque entièrement composée de gens qui, quatre ans auparavant, avaient porté les armes contre leur pays.

Un dernier trait assez saillant ne laissait aucun doute sur les sentimens qui divisaient cette masse d'hommes. Les républicains seuls marchaient avec une sorte de gaieté. Quant aux autres individus de la troupe, s'ils offraient des différences sensibles dans leurs costumes, ils portaient sur leurs figures et dans leurs attitudes cette espèce d'uniforme que donne le malheur. Leurs visages, soit qu'ils fussent hâlés par le soleil et les travaux des champs, soit qu'ils eussent une blancheur citadine, gardaient l'empreinte d'une mélancolie profonde; leur silence avait quelque chose de farouche; bourgeois et paysans, tous pliaient sous le joug d'une même pensée, terrible sans doute, mais soigneusement cachée, car leurs figures étaient impénétrables. La lenteur peu ordinaire de leur marche trahissait seule de secrets calculs.

De temps en temps, quelques-uns d'entre eux, remarquables par des chapelets suspendus à leur cou, malgré le danger qu'ils couraient à porter ce signe d'une religion détruite, relevaient la tête avec défiance, en secouant leurs cheveux. Alors ils examinaient à la dérobée les bois, les sentiers et les rochers dont la route était encaissée, mais de l'air dont un chien, mettant le nez au vent, essaie de sentir le gibier; puis, n'entendant que le bruit monotone des pas de leurs silencieux compagnons, ils baissaient de nouveau leurs têtes sombres en reprenant leur contenance de désespoir, semblables à des criminels emmenés au bagne pour y vivre, pour y mourir.

La marche de cette colonne sur Mayenne, les élémens hétérogènes qui la composaient et les divers sentimens dont elle était animée s'expliquaient assez naturellement par la présence d'une autre troupe qui formait la tête du détachement.

Cent cinquante soldats environ marchaient en avant avec armes et bagages, sous le commandement d'un *Chef de demi-brigade*. Il n'est pas inutile de faire observer à ceux qui n'ont pas assisté au drame de la révolution, que cette dénomination remplaçait le titre de colonel, que les patriotes avaient trouvé par trop aristocratique.

Ces soldats appartenaient au dépôt d'une demi-brigade d'infanterie en séjour à Mayenne. Dans ces temps de discordes, les habitans de l'Ouest avaient appelé tous les soldats de la république, des *bleus*. Ce surnom était dû à ces premiers uniformes bleus et rouges dont le souvenir est encore assez frais pour en rendre la description superflue. Ce détachement de bleus servait donc d'escorte à ce rassemblement d'hommes assez mécontens d'être dirigés sur Mayenne, où la discipline militaire devait promptement leur donner un même esprit, une même livrée et l'uniformité d'allure qui leur manquait alors si complètement.

Cette colonne était le contingent d'hommes, péniblement obtenus du district de Fougères et dus par lui, dans la levée que le Directoire exécutif de la république française avait ordonnée, par une loi du 10 messidor précédent, qui demandait à la fois cent millions et cent mille hommes, afin d'envoyer de prompts secours à ses armées, alors battues par les Autrichiens en Italie, par les Prussiens en Allemagne, et menacées en Suisse par les Russes, auxquels Suwarow faisait espérer la conquête de la France.

Les départemens de l'Ouest connus sous le nom de Vendée, la Bretagne et une portion de la Basse-Normandie, pacifiées depuis trois ans par les soins du général Hoche, après une guerre cruelle de quatre années, paraissaient avoir attendu ce moment pour recommencer la guerre.

La république, retrouvant toute son énergie en présence de tant d'agressions, avait d'abord pourvu à la défense des départemens attaqués, en la leur laissant à eux-mêmes, par un des articles de cette loi de messidor. Les Assemblées, n'ayant ni troupes ni argent, éludaient la difficulté par une gasconnade législative. Ne pouvant rien envoyer aux départemens insurgés, le Directoire leur donnait sa confiance. Peut-être aussi espérait-il que cette mesure qui armait les citoyens les uns contre les autres, étoufferait l'insurrection dans son principe.

Cet article, source de funestes représailles, était ainsi conçu : *Il sera organisé des compagnies franches dans les départemens de l'Ouest.* L'Ouest prit, devant ces lois, une attitude si hostile que le Directoire, désespérant d'en triompher de prime abord, fit peu de jours après décréter des mesures particulières relativement aux légers contingens dus à l'article qui autorisait les compagnies franches.

Une nouvelle loi promulguée quelques jours avant le commencement de cette histoire et rendue le troisième jour complémentaire de l'an VII qui venait de finir, ordonnait d'organiser en légions ces faibles levées d'hommes. Elles devaient porter le nom des départemens de la Sarthe, de l'Orne, de la Mayenne, d'Ile-et-Vilaine, du Morbihan, de la Loire-Inférieure et de Maine-et-Loire, et *ces légions*, disait la loi, *spécialement employées à combattre les Chouans, ne pourraient sous aucun prétexte être portées aux frontières.*

Ces détails seraient fastidieux s'ils étaient moins ignorés; mais ils donnent à cette époque une physionomie particulière; ils serviront à expliquer la marche du troupeau d'hommes que conduisaient les bleus, et il n'est pas difficile d'y répandre de la gaieté en faisant observer que ces belles et patriotiques déterminations directoriales n'ont jamais reçu d'autre exécution que leur insertion au *Bulletin des Lois*. Les décrets de la république n'ayant plus derrière eux de grandes idées morales comme le patriotisme ou la terreur, pour les rendre exécutoires, créaient des millions et des soldats dont rien n'entrait au trésor et à l'armée. Le ressort de la révolution s'était usé en des mains inhabiles; et alors les lois recevaient dans leur application l'empreinte des circonstances au lieu de les dominer.

Les départemens de la Mayenne et d'Ile-et-Vilaine étaient alors commandés par un vieil officier qui, jugeant sur les lieux, l'opportunité des mesures à prendre, voulut essayer d'arracher les contingens de la Bretagne, et surtout celui de Fougères, l'un des plus redoutables foyers de la chouannerie, espérant affaiblir par-là les forces de ces districts menaçans.

Il profita des prévisions illusoires de la loi pour affirmer qu'il équiperait et armerait sur-le-champ les *réquisitionnaires*, et qu'il avait à sa disposition un mois de la solde promise par le gouvernement à ces troupes d'exception.

Sur la foi de ces promesses, l'opération qu'il avait été chargé d'accomplir dans un pays aussi mal disposé que l'était la Bretagne, qui, dans ces temps-là, se refusait à toute espèce de service militaire, réussit d'abord, comparativement aux réquisitions précédentes, avec trop de promptitude, pour que ce succès apparent ne devînt pas un sujet d'alarmes pour cet officier. C'était un de ces vieux loups de guérite difficiles à surprendre. Aussitôt qu'il vit accourir au district une partie des contingens, il soupçonna quelque motif secret à cette prompte réunion d'hommes;

et, sans attendre les retardataires, il prit des mesures pour tâcher d'effectuer sa retraite sur Alençon, place plus rapprochée du centre.

Cependant l'insurrection croissante de ces contrées rendait le succès de ce projet très-problématique; mais cet officier, qui gardait, selon ses instructions, le plus profond secret sur les malheurs de nos armées et sur les nouvelles peu rassurantes parvenues de la Vendée, avait tenté, dans la matinée où commence cette histoire, d'arriver à Mayenne par une marche forcée, et il se promettait bien d'exécuter la loi à sa manière, en remplissant les cadres de sa demi-brigade avec ses *conscrits* bretons. Ce mot de conscrit, devenu plus tard si célèbre, avait remplacé, pour la première fois, dans les lois, le nom de réquisitionnaire, jadis donné aux recrues républicaines.

Avant de quitter Fougères, il avait fait prendre secrètement à ses soldats les rations de pain nécessaires à la subsistance de toute la troupe, afin de ne pas éveiller à l'avance l'attention des paysans sur le départ; et il comptait bien ne pas s'arrêter à l'étape d'Ernée où, revenus de leur étonnement, les hommes du contingent auraient pu s'entendre avec les chouans répandus dans les campagnes voisines.

Le morne silence qui régnait dans la troupe des réquisitionnaires surpris par la manœuvre du vieux républicain, et la lenteur de leur marche sur cette montagne, excitaient au plus haut degré la défiance de ce chef de demi-brigade nommé Hulot. Les traits les plus saillans de la description qui précède, étaient pour lui du plus haut intérêt; aussi marchait-il silencieusement, quoiqu'il fût entouré de cinq jeunes officiers qui respectaient la préoccupation de leur chef : mais au moment où Hulot parvint au faîte de la Pélerine, il tourna tout-à-coup la tête, comme par instinct, pour inspecter les visages inquiets des réquisitionnaires, et il ne tarda pas à rompre le silence.

En effet, le retard progressif de ces Bretons avait déjà mis entre eux et leur escorte une distance d'environ deux cents pas ; et Hulot, faisant une petite grimace qui lui était particulière :

— Que diable ont donc tous ces serins-là ? s'écria-t-il d'une voix sonore ; nos conscrits ferment le compas au lieu de l'ouvrir, je crois !

A ces mots, les officiers dont il était accompagné, se retournèrent par un mouvement spontané assez semblable au réveil en sursaut que cause un bruit soudain. Les sergens et les caporaux les imitèrent, et la compagnie s'arrêta sans avoir entendu le mot souhaité de : — *Halte !*

Si d'abord les officiers jetèrent un regard scrutateur sur le détachement qui gravissait, comme une longue tortue, la montagne de la Pélerine, ces cinq jeunes gens que la défense de la patrie avait arrachés, comme tant d'autres, à des études distinguées, et chez lesquels la guerre n'avait pas encore éteint le sentiment des arts, furent assez frappés du spectacle qui s'offrit à leurs regards, pour laisser sans réponse une observation dont ils ignoraient toute l'importance.

Quoiqu'ils vinssent de Fougères où le tableau, qui se présentait alors, se voit également, mais avec les différences que le changement du point de vue lui fait subir ; ils ne purent se refuser à l'admirer une dernière fois, semblables en cela à ces *dilettanti* auxquels une musique donne d'autant plus de jouissances qu'ils en connaissent mieux les détails.

Du sommet de la Pèlerine, apparaît aux yeux du voyageur la grande vallée du Couësnon dont la ville de Fougères occupe à l'horizon l'un des points culminans. Son château domine, du haut du rocher où il est bâti, trois ou quatre routes importantes, et cette position en fait la clef de la Bretagne.

Alors les officiers découvraient, dans toute son étendue, ce bassin aussi remarquable par la prodigieuse fertilité du sol que par la variété de ses aspects; de toutes parts, des montagnes de schiste s'élèvent en amphithéâtre; elles déguisent leurs flancs grisâtres sous des forêts de chênes, et recèlent dans leurs versans des vallons secrets pleins de fraîcheur. Ces rochers décrivent une vaste enceinte, circulaire en apparence, au fond de laquelle s'étend avec mollesse une immense prairie dessinée comme un jardin anglais. La multitude de haies vives qui entourent d'irréguliers et de nombreux héritages tous plantés d'arbres, donnent à ce tapis de verdure une physionomie rare aux paysages de la France, et il renfermait de féconds secrets de beauté, dans les contrastes multipliés dont il déroulait à l'œil les effets larges et pittoresques.

A ce moment, la vue de cet harmonieux pays était animée de l'éclat puissant et fugitif dont la nature se plaît à revêtir parfois ses immortelles créations. Pendant que le détachement traversait le fond de cette longue et large vallée, le soleil levant avait lentement dissipé ces vapeurs blanches et légères qui, dans les matinées de septembre, voltigent dans les prairies; et, à l'instant où les soldats se retournèrent, une invisible main semblait enlever à ce paysage le dernier des voiles dont elle l'aurait enveloppé, semblable à ce dernier linceul de gaze diaphane qui couvre les bijoux précieux et à travers lequel ils brillent imparfaitement, en se jouant de la curiosité de l'œil.

Alors le ciel, dans le vaste horizon que les voyageurs embrassèrent, n'offrait pas le plus léger nuage qui pût faire croire, par sa clarté d'argent, que cette voûte bleue fût l'immense firmament. Elle ressemblait plutôt à une écharpe supportée par la ceinture des montagnes à cimes inégales et placée dans les airs pour protéger de son dôme éclatant cette magnifique assemblée de champs, d'héritages, de prairies, d'arbres, de ruisseaux, de fleurs et de bocages, éclairés par le soleil comme par une lampe d'or magiquement suspendue dans un pavillon de fée.

Les regards ne se lassaient pas d'errer sur cet espace où jaillissaient tant de beautés champêtres : le vert d'émeraude des prés irrégulièrement coupés faisait ressortir la verdure foncée des arbres et des haies dont ils étaient entourés. Les yeux hésitaient long-temps à faire un choix dans l'étonnante multiplicité de ces bosquets que les teintes sévères de quelques touffes jaunies enrichissaient des couleurs du bronze; ils s'attachaient aux contrastes offerts par des champs rougeâtres où le sarrasin récolté s'élevait en gerbes coniques semblables aux faisceaux d'armes que le soldat amoncèle au bivouac, et séparés par d'autres champs que doraient les guérêts des seigles moissonnés. Çà et là, l'ardoise sombre de quelques toits d'où sortaient de blanches fumées, les tranchées vives et éclatantes comme l'argent que produisaient les ruisseaux tortueux du Couësnon, attiraient l'œil comme les fleurs brillantes d'une prairie, en tendant de ces piéges d'optique qui rendent l'ame indécise et rêveuse.

La fraîcheur embaumée des brises d'automne, la senteur forte et végétale des forêts, s'élevaient comme un nuage d'encens et enivraient les admirateurs de ce beau pays; ils contemplaient avec ravissement ses fleurs inconnues, sa végétation vigoureuse, sa verdure rivale de celle des îles d'Angleterre dont il est à peine séparé et dont il porte même le nom.

Quelques bestiaux animaient cette scène déjà si dramatique. Les oiseaux chantaient leurs hymnes du matin, faisant ainsi rendre à la vallée une suave et sourde mélodie qui frémissait dans les airs comme une voix céleste.

Mais si l'imagination recueillie est assez puissante pour apercevoir pleinement les riches accidens d'ombre et de lumière, les fantastiques perspectives qui naissaient des places où manquaient les arbres, où s'étendaient les eaux, où s'élevaient des tertres, où s'abaissaient des sinuosités coquettes qui gardaient leurs trésors pour une seconde vue, et les horizons vaporeux des montagnes; si le souvenir colorie, pour ainsi dire, ce dessin aussi fugace que le moment où il est pris, les personnes, pour lesquelles ces tableaux ne sont pas sans mérite, auront une image imparfaite encore du magique spectacle dont l'ame assez peu impressionnable des officiers fut comme saisie.

Ils pensèrent alors que ces pauvres réquisitionnaires abandonnaient leur pays et leurs chères coutumes pour aller mourir peut-être en des terres étrangères, ils leur pardonnèrent involontairement un retard qu'ils comprirent;

et, avec cette générosité naturelle aux soldats, ils déguisèrent leur condescendance, en manifestant le désir d'examiner les positions militaires de cette merveilleuse contrée.

Mais Hulot, que nous appellerons souvent le *commandant*, pour nous dispenser de lui donner le nom peu harmonieux de *Chef de demi-brigade*, était un de ces militaires qui, dans un danger pressant, ne sont pas hommes à se laisser prendre aux charmes des paysages, quand même ce seraient ceux du paradis terrestre; il secoua donc la tête par un geste négatif; et, contractant deux sourcils noirs qui donnaient une expression sévère à sa physionomie:

— Pourquoi, diable! ne viennent-ils pas? demanda-t-il de nouveau de sa voix grossie par les fatigues de la guerre. Y a-t-il dans le village quelque bonne vierge à laquelle ils donnent une poignée de main ?

— Tu demandes pourquoi?.... lui répondit une voix rauque et sauvage qui lui était inconnue.

En entendant des sons qui semblaient partir de la corne de taureau avec laquelle les paysans de ces vallons rassemblent leurs troupeaux, plutôt que d'un gosier humain, le commandant se retourna brusquement comme s'il eût senti la pointe d'une épée. Il vit à deux pas de lui un personnage encore plus bizarre qu'aucun de ceux emmenés à Mayenne pour servir la république.

Cet inconnu était un petit homme trapu et large des épaules. Il montrait une tête presque aussi grosse que celle d'un bœuf, avec laquelle elle avait plus d'une ressemblance. Ses narines étaient épaisses et son nez court. Ses larges lèvres retroussées par des dents blanches comme de la neige, ses grands et ronds yeux noirs garnis de sourcils menaçans, ses oreilles pendantes et ses cheveux roux appartenaient plutôt au genre des herbivores qu'à notre belle race caucasienne; enfin l'absence complète des autres caractères de l'homme rendait sa tête nue plus remarquable encore.

Cette face, comme bronzée par le soleil et dont les rudes et anguleux contours offraient une vague analogie avec le granit qui forme le sol de ces contrées, était la seule partie visible du corps de cet être singulier. A partir du cou, il était enveloppé dans une espèce de *sarreau* ou blouse de toile rousse plus grossière encore que celle des pantalons des réquisitionnaires les moins aisés.

Ce sarreau, dans lequel un antiquaire aurait reconnu la *saye* (*saga*) ou le *sayon* des Gaulois, finissait à mi-corps; et là, se rattachait à deux fourreaux de peau de chèvre, par des morceaux de bois grossièrement travaillés et dont quelques-uns gardaient leur écorce. Les manches du sarreau étaient assujetties aux poignets par des boutons semblables. Les peaux de *biques*, pour parler la langue du pays, qui garnissaient ses jambes et ses cuisses, ne laissaient distinguer aucune forme humaine, et des sabots informes cachaient même ses pieds. Ses longs cheveux, semblables aux poils de ses peaux de chèvre, tombaient de chaque côté de sa figure, séparés en deux parties égales, plates et luisantes comme les chevelures de ces statues du moyen-âge qu'on voit dans quelques cathédrales.

Au lieu de ce bâton noueux que les réquisitionnaires portaient sur leurs épaules, il tenait appuyé sur sa poitrine et élevé en l'air comme un fusil, un fouet énorme dont le cuir habilement tressé paraissait être au moins une fois plus long que celui des fouets ordinaires.

La brusque apparition de cet être bizarre semblait facile à expliquer. Au premier aspect, quelques officiers supposèrent que l'inconnu était un réquisitionnaire qui se repliait sur la colonne en la voyant s'arrêter. Néanmoins cette apparition étonna singulièrement le commandant, mais il n'en parut pas le moins du monde intimidé; toutefois, son front devint particulièrement soucieux; et, après avoir toisé l'étranger, il répéta machinalement et comme occupé de pensées sinistres :

— Oui, pourquoi, pourquoi ne viennent-ils pas? le sais-tu?

— C'est que, répondit le sombre interlocuteur avec un accent qui prouvait une assez grande difficulté de parler français ; c'est que là, dit-il en étendant sa rude et large main vers Ernée, là est le Maine, et là finit la Bretagne !.... Puis il frappa fortement le sol en faisant tomber l'énorme manche de son fouet aux pieds mêmes du commandant.

L'impression produite, sur les spectateurs de cette scène, par la harangue laconique de l'inconnu, ressemblait assez à celle que donnerait un coup de tam-tam frappé au milieu d'une douce musique. Le mot de *harangue* suffit à peine pour rendre toute la haine, les regrets et les désirs de vengeance qu'exprimèrent son geste hautain, sa parole brève, sa contenance empreinte d'une énergie farouche et froide. La grossièreté de cet homme taillé comme à coups de hache, sa noueuse écorce, la stupide ignorance gravée sur ses traits, en faisaient une sorte de demi-dieu bar-

bare. Il gardait une attitude prophétique et apparaissait là comme le génie même de la Bretagne, se relevant d'un sommeil de trois années, pour recommencer une guerre où la victoire ne se montrait jamais sans de doubles crêpes.

— Voilà un joli coco! dit Hulot en se parlant à lui-même; il m'a l'air d'être l'ambassadeur de gens qui s'apprêtent à parlementer à coups de fusil.

Après avoir grommelé ces paroles entre ses dents, le commandant promena successivement ses regards de cet homme au páysage, du paysage au détachement, du détachement sur les talus abruptes de la route dont les hauts genêts de la Bretagne ombrageaient les crêtes; puis il les reporta tout-à-coup sur l'inconnu auquel il fit subir comme un muet interrogatoire: il le termina en lui demandant brusquement:

— D'où viens-tu ?

Son œil avide et perçant cherchait à lire ce visage impénétrable qui, pendant cet intervalle, avait pris l'expression de torpeur bête dont s'enveloppe un paysan au repos.

— Du pays des *Gars!* répondit l'homme sans manifester aucun trouble.

— Ton nom ?

— *Marche-à-terre.*

— Pourquoi portes-tu encore un surnom de Chouan ?

Marche-à-terre, puisqu'il se donnait ce nom, regarda le commandant d'un air d'imbécillité si profondément vraie, que le militaire crut n'avoir pas été compris.

— Fais-tu partie de la réquisition de Fougères ?...

A cette demande, Marche-à-terre répondit par un de ces — *je ne sais pas*, dont l'inflexion désespérante arrête tout entretien. Il s'assit tranquillement sur le bord du chemin ; il tira de son sarreau quelques morceaux roulés d'une mince et noire galette de sarrasin, repas national dont les tristes délices ne peuvent être comprises que des Bretons ; et il se mit à manger avec une indifférence stupide. Il faisait croire à une absence si complète de toute intelligence, que les officiers le comparèrent tour à tour, dans cette situation, à un des animaux qui broutaient les gras pâturages de la vallée, aux sauvages de l'Ohio et à un Hottentot du cap de Bonne-Espérance.

Cette attitude trompait aussi le commandant qui bannissait déjà ses inquiétudes passagères lorsque, jetant un dernier regard de prudence à l'homme qu'il soupçonnait d'être le héraut d'un prochain carnage, il vit les cheveux, le sarreau, les peaux de chèvre, couverts d'épines, de débris de feuilles, de brins de bois et de broussailles, comme si le chouan eût fait une longue route à travers les halliers. Alors il lança un coup-d'œil significatif au lieutenant Gérard qui se trouvait à côté de lui, lui serra fortement la main et dit à voix basse :

— Nous avons été chercher de la laine et nous allons revenir tondus.

Tous les officiers étonnés se regardèrent en silence.

CHAPITRE II.

La scène précédente, décrite avec trop de complaisance peut-être, recevra quelque lumière d'une courte digression qu'il convient de placer ici. Elle servira à mettre dans le secret des craintes du commandant Hulot certaines personnes casanières habituées à douter de tout parce qu'elles ne voient rien, et qui pourraient contredire l'existence de Marche-à-terre et des honnêtes paysans de l'Ouest.

Le mot *Gars*, que l'on prononce *gâ*, est un débris de la langue celtique. Il a passé du bas-breton dans le français. Ce mot est de notre langage actuel celui qui contient le plus de souvenirs antiques : le *gais* était l'arme principale des Galls ou Gaulois ; *gaisde* signifiait *armé ; gaisg*, bravoure; *gas*, force. Ces rapprochemens prouvent la parenté du mot *gars* avec ces expressions de la langue de nos ancêtres. Il a de l'analogie avec le mot latin *vir*, homme, racine de *virtus*, force, courage. Cette dissertation trouve son excuse dans sa nationalité. Elle servira à réhabiliter dans l'esprit de quelques personnes les mots : *gars*, *garçon*, *garçonnet*, *garce*, *garcette*, dédaignés comme peu séants, dont l'origine est si guerrière et qui se montreront çà et là dans le cours de cette histoire. —C'est une fameuse garce ! est un éloge peu compris que recueillit madame de Staël dans un petit canton du Vendômois où elle passa quelques jours d'exil.

La Bretagne est, de toute la France, le pays où les mœurs gauloises ont laissé les plus fortes empreintes. Les parties de cette province où, même de nos jours, la vie sauvage et l'esprit superstitieux de nos rudes aïeux sont restés, pour ainsi dire, flagrans, se nomment le pays des Gars. Lorsqu'un canton est habité par nombre de sauvages semblables à celui qui vient de comparaître dans ce récit, les gens de la contrée disent : les gars de telle paroisse.

Ce nom classique est comme un gage

de la fidélité avec laquelle ils s'efforcent de conserver les traditions du langage et des mœurs galliques ; aussi leur vie garde-t-elle de profonds vestiges des croyances et des pratiques superstitieuses des anciens temps. Là, les coutumes féodales sont encore respectées. Là, les antiquaires retrouvent debout les monumens des Druides. Là, le génie de la civilisation moderne s'effraie de pénétrer à travers d'immenses forêts primordiales. Une incroyable férocité, un entêtement brutal, mais aussi la foi du serment ; l'absence complète de nos lois, de nos mœurs, de notre habillement, de nos monnaies nouvelles, de notre langage, mais aussi une simplicité patriarcale s'accordent à rendre les habitans de ces campagnes plus sauvages et plus pauvres de combinaisons intellectuelles que les Mohicans et les Peaux rouges de l'Amérique septentrionale. La Bretagne est plus curieuse peut-être que le Canada, par la place qu'elle occupe au centre de l'Europe : les lumières l'entourent sans y porter leur bienfaisante chaleur, et ce pays ressemble à un charbon glacé qui reste obscur au sein d'un brillant foyer.

Les efforts tentés par quelques bons esprits pour conquérir à la prospérité et à la vie sociale cette belle partie de la France, si riche de trésors ignorés, meurent au sein de l'immobilité de toute une population vouée à une immémoriale routine.

Ce malheur s'explique assez par la nature d'un sol encore hérissé de ravins ; de torrens, de haies, de lacs et de marais ; sans routes et sans canaux ; dont les détails de cette histoire feront peut-être ressortir les dangers et la déplorable culture.

La disposition pittoresque de ce

pays et les préjugés de ses habitans excluent et la concentration des individus et les bienfaits amenés par la comparaison, l'échange des idées. Par là point de villages. Les constructions précaires que l'on nomme des logis sont clair-semées à travers la contrée. Chaque famille vit dans un désert. Les seules réunions connues sont les assemblées éphémères que le dimanche ou les fêtes de la religion consacrent à l'église de la paroisse. Ces réunions silencieuses, dominées par le *Recteur*, le seul maître de ces esprits grossiers, ne durent que quelques heures. Après avoir entendu la voix terrible de ce prêtre, le paysan retourne pour une semaine entière dans sa demeure insalubre. Il en sort pour le travail, il y rentre pour dormir. S'il est visité, c'est par ce recteur, l'ame de la contrée. Aussi, était-ce à la voix de ces prêtres que des milliers d'hommes se ruèrent sur la république, et ces parties de la Bretagne fournirent, cinq ans avant l'époque à laquelle commence cette histoire, des masses de néophytes à la première chouannerie.

Les frères Cottereau, hardis contrebandiers qui donnèrent leur nom à cette guerre, exerçaient leur périlleux métier de Laval à Fougères ; mais les insurrections de ces campagnes n'eurent rien de noble, et l'on peut dire avec assurance que si la Vendée fit du brigandage une guerre, la Bretagne fit de la guerre un brigandage : la proscription des princes, la religion détruite, ne furent pour les chouans que des prétextes de pillage, et les événemens de cette lutte intestine furent empreints de la sauvage âpreté des mœurs de ces contrées.

Aussi, quand de vrais défenseurs de la monarchie vinrent recruter des soldats parmi ces populations ignorantes et belliqueuses, ils essayèrent de donner, sous le drapeau blanc, quelque grandeur à ces ignobles entreprises qui avaient rendu la chouannerie odieuse; mais leurs nobles efforts furent inutiles, et les chouans sont restés comme un mémorable exemple du danger de remuer les masses peu civilisées d'un pays.

Le tableau de la première vallée offerte par la Bretagne aux yeux du voyageur, la peinture des hommes qui composaient le détachement des réquisitionnaires, la description du gars apparu sur le sommet de la Pélerine, donnent en raccourci une fidèle image de la province et de ses habitans. Une imagination exercée peut, d'après ces détails, concevoir le théâtre et les instrumens de la guerre.

Là en étaient les élémens : les haies brillantes de ces belles vallées cachaient alors d'invisibles agresseurs. Alors chaque champ était une forteresse, chaque arbre méditait un piége, chaque vieux tronc de saule creux gardait un stratagême. Le lieu du combat était partout. Les fusils attendaient sur les routes des bleus que de jeunes filles attiraient en riant sous le feu des canons, sans croire être perfides. Elles allaient en pélerinage avec leurs pères et leurs frères demander des ruses et des absolutions à des vierges de bois vermoulu. La religion ou plutôt le fétichisme de ces créatures ignorantes désarmait le meurtre de ses remords. Aussi une fois cette lutte engagée, tout dans le pays devenait dangereux : le bruit comme le silence, la grâce comme la terreur, car il y avait de la gloire à être traître à la France pour Dieu et le roi.

Mais pour rendre exacte et vraie en tout point la peinture de cette guerre, l'historien doit ajouter qu'au moment où la paix de Hoche fut signée, la contrée entière redevint riante et amie; les familles, qui la veille se déchiraient encore, le lendemain soupèrent sans danger sous le même toit.

A l'instant où Hulot reconnut les perfidies secrètes écrites sur les peaux de chèvre de Marche-à-terre, il resta convaincu de la rupture de cette heureuse paix due au génie de Hoche et dont il avait espéré le maintien. Ainsi la guerre renaissait sans doute plus terrible à la suite d'une inaction de trois années. La révolution, adoucie depuis le 9 thermidor, allait peut-être reprendre le caractère de terreur qui la rendit haïssable aux esprits modérés. L'or des Anglais avait donc, comme toujours, aidé aux discordes de la France, et la république, abandonnée du jeune capitaine qui semblait en être le génie tutélaire, paraissait hors d'état de résister à tant d'ennemis. Le plus cruel se montrait le dernier. La guerre civile, annoncée par mille petits soulèvemens partiels, prenait un caractère tout nouveau de gravité, puisque les chouans concevaient le dessein d'attaquer une aussi forte escorte.

Telles étaient les réflexions qui se déroulèrent beaucoup moins succinctement dans l'esprit de Hulot, au moment où il crut apercevoir, dans l'apparition de Marche-à-terre, l'indice d'une embuscade habilement préparée, car lui seul était dans le secret de son danger.

Le silence dont fut suivie la phrase prophétique du commandant à Gérard, et qui termine la scène précédente, servit à Hulot pour recouvrer son sang-froid. Le vieux soldat avait presque chancelé, et il ne put chasser les nuages qui couvrirent son front quand il vint à penser qu'il était déjà environné des horreurs d'une guerre dont les cannibales auraient peut-être renié les atrocités.

Le capitaine Merle et le lieutenant Gérard, ses deux amis, cherchant à s'expliquer la terreur, si nouvelle pour eux, qu'ils lisaient sur la figure de leur chef, contemplaient Marche-à-terre mangeant sa galette au bord du chemin, sans pouvoir établir de rapports entre cette espèce d'animal et l'inquiétude de leur intrépide commandant.

Tout-à-coup le visage de ce dernier s'éclaircit. Tout en déplorant les malheurs de la France, il se réjouit d'avoir à combattre pour elle; il se promettait joyeusement de ne pas être la dupe des chouans et de pénétrer l'homme si ténébreusement rusé qu'ils lui faisaient l'honneur d'employer contre lui.

Avant de prendre aucune résolution, il se mit à examiner la position où les ennemis voulaient le surprendre. En voyant que le chemin, au milieu duquel il se trouvait engagé, passait dans une espèce de gorge, peu profonde à la vérité, mais flanquée de bois et où aboutissaient plusieurs sentiers, il fronça fortement ses gros sourcils noirs, puis il dit à ses deux amis, d'une voix sourde et très-émue :

— Nous sommes dans un guêpier !...

— Et de quoi avez-vous donc peur ? demanda Gérard.

— Peur ?... reprit le commandant, oui peur, car j'ai toujours eu peur d'être fusillé comme un chien au détour d'un bois sans qu'on vous crie : Qui vive !

— Bah! dit Merle en riant, qui vive! est aussi un préjugé.

— Nous sommes donc vraiment en danger? demanda Gérard aussi étonné du sang-froid de Hulot que de sa passagère terreur.

— Chut! dit le commandant, nous sommes dans la gueule du loup; il y fait noir comme dans un four; et, voyez-vous, j'essaie à lire mon alphabet. Heureusement, reprit-il, que nous tenons le haut de cette côte (et il la décora d'une épithète énergique); puis il ajouta : Et alors je finirai peut-être par y voir clair.

Et le commandant, tirant à lui les deux officiers, cerna Marche-à-terre qui, feignant de croire qu'il les gênait, se leva promptement.

— Reste là, chenapan! lui cria Hulot en le poussant et le faisant retomber sur le talus où il s'était assis.

De ce moment, le chef de demi-brigade ne cessa de regarder attentivement l'insouciant Breton.

— Mes amis, reprit-il alors en parlant à voix basse aux deux officiers; il est temps de vous dire que la boutique est enfoncée là-bas. Le Directoire, par suite d'un remue-ménage qui a eu lieu aux assemblées, a encore donné un coup de balai à nos affaires. Ces pentarques, ou pantins c'est plus français, de Directeurs viennent de perdre une bonne lame. Bernadotte n'en veut plus.

— Qui le remplace? demanda vivement Gérard.

— Milet-Mureau, une vieille perruque. On choisit là un bien mauvais temps pour laisser naviguer des mâchoires, car voilà des fusées qui partent sur les côtes : tous les hannetons de Vendéens et de chouans sont en l'air, et ceux qui sont derrière ces marionnettes-là ont bien su prendre le moment où nous succombons.

— Comment! dit Merle.

— Nos armées sont battues sur tous les points, reprit Hulot en étouffant sa voix encore davantage; les chouans ont déjà intercepté deux fois les courriers, et je n'ai reçu les derniers décrets et les dépêches qu'au moyen d'un exprès envoyé par Bernadotte au moment où il quittait le ministère. Des amis m'ont heureusement écrit confidentiellement sur cette débâcle : Fouché a découvert que le tyran Louis XVIII a été averti par des traîtres de Paris d'envoyer un chef à ses canards de l'intérieur; on pense que Barras trahit la république. Bref, Pitt et les princes ont envoyé un ci-devant, homme vigoureux, plein de talent, qui voudrait, en réunissant les efforts des Vendéens à ceux des chouans, abattre le bonnet de la république. Ce camarade-là a débarqué dans le Morbihan ; je l'ai su le premier, et l'ai appris aux malins de Paris. *Le Gars* est le surnom qu'il a pris ; car tous ces animaux-là, dit-il en montrant Marche-à-terre, chaussent des noms qui donneraient la colique à un honnête patriote s'il les portait. Or, notre homme est dans ce district ; l'arrivée de ce chouan-là (il indiqua de nouveau Marche-à-terre) m'annonce qu'il est sur notre dos ; mais on n'apprend pas à un vieux singe à faire la grimace, et vous allez m'aider à ramener mes linottes à la cage *et plus vite que ça!* Je serais un joli coco si je me laissais engluer comme une corneille, par ce ci-devant qui arrive de Londres sous prétexte d'avoir à épousseter nos chapeaux !

En apprenant ces circonstances secrètes et critiques, les deux officiers qui savaient que leur commandant ne s'alarmait jamais en vain, prirent alors cette contenance grave qu'ont les militaires au fort du danger, lorsque ce sont de ces hommes puissans qui voient un peu loin dans les affaires humaines. Gérard voulut répondre, afin de continuer une conversation féconde en nouvelles politiques dont le commandant paraissait taire une partie; mais un signe de Hulot arrêta sa langue, et ils regardèrent tous les trois Marche-à-terre.

Ce dernier ne donna pas la moindre marque d'émotion en se voyant surveillé par ces hommes redoutables d'intelligence et de force corporelle. La curiosité des deux officiers, pour lesquels cette sorte de guerre était nouvelle, fut vivement excitée par le commencement d'une affaire qui offrait un intérêt presque romanesque; aussi en plaisantèrent-ils; mais Hulot les regarda gravement et leur dit :

— Tonnerre de Dieu! n'allons pas fumer sur le tonneau, citoyens!... C'est porter de l'eau dans un panier que d'avoir du courage hors de propos! — Gérard, dit-il ensuite en se penchant à l'oreille du lieutenant, approchez-vous insensiblement de ce brigand-là; tenez-vous prêt à lui passer votre épée au travers du corps au moindre mouvement suspect: et moi, je vais prendre des mesures pour soutenir la conversation, s'ils veulent l'entamer.

Gérard inclina légèrement la tête en signe d'obéissance; puis il se mit à contempler les points de vue de cette vallée avec laquelle on a pu se familiariser : il parut vouloir les examiner plus attentivement et marcha pour ainsi dire sur lui-même et sans affectation; mais on pense bien que le paysage était la dernière chose qu'il regardât.

De son côté, Marche-à-terre, laissant complètement ignorer si la manœuvre du lieutenant le mettait en péril, jouait avec le bout de son fouet, et l'on eût dit qu'il pêchait à la ligne dans le fossé.

Pendant que Gérard essayait ainsi de prendre position devant les chouans, le commandant dit tout bas à Merle :

— Donnez dix hommes d'élite à un caporal et allez les poster vous-même au-dessus de nous, à l'endroit du sommet de cette côte où le chemin s'élargit en formant un plateau et d'où vous apercevrez un bon ruban de queue de la route d'Ernée. Choisissez une place où le chemin ne soit pas flanqué de bois et d'où le caporal puisse surveiller la campagne. Prenez La-clef-des-cœurs, il est intelligent. Il n'y a pas de quoi rire, je ne donnerais pas un décime de notre peau, si nous ne prenons pas notre bisque!

Pendant que le capitaine Merle exécutait cet ordre avec une promptitude dont il comprenait toute l'importance, le commandant agita la main droite pour réclamer un profond silence des soldats dont il était entouré et qui causaient en jouant. Il ordonna, par un autre geste, de reprendre les armes; et, lorsque le calme fut établi, il porta les yeux d'un côté de la route à l'autre, écoutant avec une attention inquiète, comme s'il espérait surprendre quelque bruit étouffé, quelques sons d'armes ou des pas précurseurs de la lutte attendue. Son œil noir et perçant semblait sonder les bois à des profondeurs extraordinaires; mais ne recueillant aucun indice, il consulta le sable de la route, à la manière des sauvages, pour tâcher de découvrir les traces des pas de ces invisibles ennemis dont il connaissait l'audace et les avantages.

Désespéré de ne rien apercevoir qui justifiât ses craintes, il s'avança vers les côtés de la route, en gravit les légères collines avec peine, puis il en parcourut lentement les sommets. Tout-à-coup, sentant l'utilité de son expérience au salut de sa troupe, il descendit; son visage devint plus sombre, car dans ces temps-là les chefs étaient toujours fâchés de ne pas garder pour eux seuls la tâche la plus périlleuse.

Les autres officiers et les soldats, ayant remarqué la préoccupation d'un chef dont ils aimaient le caractère et connaissaient la valeur, pensèrent alors que son extrême attention annonçait un danger. Incapables d'en soupçonner la gravité, s'ils restèrent immobiles et retinrent presque leur respiration, ce fut par instinct. Semblables à ces chiens qui cherchent à deviner les intentions de l'habile chasseur dont ils ne comprennent pas l'ordre et auquel ils obéissent ponctuellement, sentant qu'il exerce une intelligence supérieure à la leur ; de même ces soldats regardèrent alternativement la vallée du Couësnon, les bois de la route et la figure sévère de leur commandant, en tâchant d'y lire leur sort : ils se consultaient des yeux et plus d'un sourire se répétait de bouche en bouche.

Quand Hulot fit sa grimace, Beau-pied, jeune sergent qui passait pour le bel-esprit de la compagnie, dit à voix basse :

— Où diable nous sommes-nous donc fourrés pour que ce vieux troupier de Hulot nous fasse une mine aussi marécageuse ! Il a l'air d'un conseil de guerre !...

Hulot ayant jeté sur Beau-pied un regard sévère, le silence exigé sous les armes régna tout-à-coup.

Au milieu de ce silence solennel, les pas tardifs des conscrits, sous les pieds desquels le sable criait sourdement, rendaient un son régulier qui, mêlé à la voix harmonieuse de la vallée, ajoutait une émotion écrasante à cette anxiété générale. Ce sentiment indescriptible ne peut être compris que de ceux qui, en proie à une attente cruelle dans un profond et nocturne silence, ont senti redoubler les sourds et larges battemens de leur cœur en entendant quelque bruit monotone et répété verser l'angoisse comme goutte à goutte dans leur ame riche et forte.

Le commandant se replaçant au milieu de la route, commençait à se demander : Me trompé-je? Il regardait déjà avec une colère concentrée, qui lui sortait en éclairs par les yeux, le tranquille et stupide Marche-à-terre : mais l'ironie sauvage qu'il sut démêler dans le regard terne du chouan lui persuada de continuer à prendre ses mesures salutaires.

A ce moment, le capitaine Merle ayant accompli les ordres de Hulot, revint auprès de lui. Alors les muets acteurs de cette scène, semblable à mille autres qui rendirent cette guerre la plus dramatique de toutes, attendirent avec impatience de nouvelles impressions, curieux de voir s'illuminer par d'autres manœuvres les points obscurs de leur situation militaire.

— Nous avons bien fait, capitaine, dit le commandant, de mettre à la queue du détachement le petit nombre de patriotes que nous comptons parmi ces réquisitionnaires. Prenez encore une douzaine de bons lurons, à la tête desquels vous mettrez le sous-lieutenant Lebrun : vous les conduirez rapidement à la queue du détachement. Là, ils appuieront les patriotes qui s'y trouvent et feront avancer, et vivement, toute la troupe de ces oiseaux-là, afin de la ramasser en deux temps vers la hauteur occupée par les camarades, là-haut. Je vous attends.

Le capitaine disparut au milieu de la troupe. Le commandant, regardant tour à tour quatre hommes intrépides dont il connaissait l'adresse et l'agilité, les appela silencieusement en les désignant du doigt et leur faisant ce signe amical qui consiste à ramener l'index vers le nez, par un mouvement rapide et répété. Ils vinrent.

— Vous avez servi avec moi sous Hoche, leur dit-il, quand nous avons mis à la raison ces brigands qui s'appellent des *chasseurs du Roi!* Vous savez comment ils se cachaient pour canarder les bleus !

A cet éloge de leur savoir-faire, les quatre soldats hochèrent la tête en faisant une moue significative. C'étaient de ces figures héroïques, dont la martialité insouciante et résignée annonçait que, depuis la lutte commencée entre la France et l'Europe, leurs idées n'avaient pas été plus loin que leur giberne en arrière et leur baïonnette en avant. Tout en ramassant leurs lèvres comme une bourse dont on serre les cordons, ils regardèrent leur commandant d'un air attentif et curieux.

— Eh bien! reprit Hulot qui possédait éminemment l'art de parler au soldat sa langue pittoresque et d'en être aimé; il ne faut pas que de bons lapins comme nous se laissent *embêter* par des chouans. Il y en a ici ou je ne me nomme pas Hulot ! Vous allez, à vous quatre, battre les deux côtés de cette route. Le détachement va filer le câble : ainsi suivez ferme, ne descendez pas la garde et éclairez-moi bien cela, vivement. Et il leur montra les dangereux sommets du chemin.

Tous, en guise de remerciement, portèrent le revers de la main à leurs vieux chapeaux à trois cornes, dont le haut-bord, battu par la pluie et affaibli par l'âge, se courbait sur la forme. L'un d'eux, nommé Larose, sergent connu de Hulot, lui dit en faisant sonner son fusil :

— On va leur siffler un air de clarinette, mon commandant.

Ils partirent, les uns à droite, les autres à gauche.

Ce ne fut pas sans une émotion secrète que la compagnie les vit disparaître des deux côtés de la route : cette anxiété fut partagée par le commandant qui les envoyait à une mort certaine. Il eut un frisson involontaire lorsqu'il ne vit plus le bord pointu de leurs chapeaux. Tous écoutèrent le bruit de leurs pas sur les feuilles sèches avec un sentiment d'autant plus aigu, qu'il était caché plus profondément. Il y a des scènes de guerre où quatre hommes risqués causent plus d'effroi que les milliers de morts étendus à Jemmapes. Ces physionomies militaires ont des nuances d'attitude et des expressions si multipliées, si fugitives, que leurs peintres sont obligés d'en appeler aux souvenirs des soldats, et de laisser les esprits pacifiques tourner librement autour de ces figures si dramatiques; car rien de ces orages féconds en détails et riches d'accidens ne peut être décrit sans d'interminables longueurs.

Au moment où les baïonnettes de ces soldats ne brillèrent plus, le capitaine Merle revenait, après avoir accompli les ordres du commandant avec la rapidité de l'éclair. Alors Hulot, par deux ou trois commandemens, mit le reste de la troupe en bataille au milieu du chemin; il ordonna de regagner le sommet de la Pélerine où stationnait sa petite avant-garde; puis il marcha le dernier et à reculons afin d'observer les plus légers changemens qui pourraient survenir sur tous les points de cette scène si ravissante par le fait de la nature, si terrible par l'homme.

Il atteignait l'endroit où Gérard gardait Marche-à-terre, lorsque ce dernier, qui avait suivi, d'un œil indifférent en apparence, toutes les manœuvres du commandant, mais qui regardait alors avec une incroyable intelligence les deux soldats qui marchaient vers les bois de la droite de la route, se mit à siffler trois ou quatre fois, de manière à produire le cri clair et perçant de la chouette.

Les trois célèbres contrebandiers dont les noms ont déjà été cités, employaient ainsi, pendant la nuit, les intonations ou la répétition de ce chant nocturne pour s'avertir des embuscades, des dangers et de tout ce qui les intéressait : de-là leur était venu le surnom de *chuin* qui signifie chouette ou hibou dans le patois de ce pays, et ce mot corrompu avait donné le nom à la guerre.

En entendant ce sifflement suspect, le commandant s'arrêta et regarda fixement Marche-à-terre. Voulant paraître dupe de la niaise attitude du chouan, afin de le garder près de lui comme un baromètre qui lui indiquât les mouvemens de l'ennemi, il arrêta la main de Gérard qui s'apprêtait à le dépêcher ; puis, plaçant deux soldats à quelques pas de l'espion, il leur ordonna, à haute et intelligible voix, de se tenir prêts à faire feu à son moindre signe de tête. Malgré son imminent danger, Marche-à-terre ne laissa pas paraître la moindre émotion. Le commandant qui l'étudiait, s'apercevant de cette insensibilité, dit à Gérard :

— Le serin n'en sait pas long ! Ah ! ah ! il n'est pas facile de lire sur la figure d'un chouan ; mais il s'est trahi par le désir de montrer son intrépidité. Vois-tu, Gérard, s'il avait joué la terreur, j'allais le prendre pour un imbécile : lui et moi nous faisons la paire, car j'étais au bout de ma gamme. Oh ! nous allons être attaqués ! mais qu'ils viennent, maintenant je suis prêt !

Après avoir prononcé ces paroles à voix basse et d'un air de triomphe, le vieux militaire se frotta les mains, regarda Marche-à-terre d'un air goguenard ; et, croisant avec force les bras sur sa poitrine, il resta au milieu du chemin entre ses deux officiers favoris, attendant le résultat de ses dispositions ; et, sûr du combat, il contempla ses soldats d'un air calme et assuré.

— Oh ! il va y avoir du grabuge !... dit Beau-pied à voix basse ; le commandant s'est frotté les mains.

CHAPITRE III.

La situation critique dans laquelle se trouvaient placés le commandant Hulot et son détachement était une de celles où la vie est si réellement mise au jeu, que les hommes un peu supérieurs tiennent à honneur de s'y montrer pleins de sang-froid et libres d'esprit : là, se jugent les hommes en dernier ressort. Le commandant, plus instruit du danger que ses deux amis, mit de l'amour-propre à paraître le plus tranquille. Les yeux tour à tour fixés sur Marche-à-terre, sur le chemin et sur les bois, il attendait bien avec quelque angoisse le bruit de la décharge générale des chouans qu'il croyait cachés, comme des lutins, autour de lui; mais sa figure resta impassible.

Au moment où tous les yeux des soldats silencieux étaient attachés sur les siens, il plissa légèrement ses joues brunes marquées de petite-vérole en retroussant fortement sa lèvre droite, il cligna des yeux, grimace qui était toujours prise pour un sourire par ses soldats; puis, frappant Gérard sur l'épaule :

— Maintenant que nous voilà calmes,

lui dit-il, que vouliez-vous me dire tout à l'heure?

— Dans quelle crise nouvelle sommes-nous donc, mon commandant?

— La chose n'est pas neuve, reprit-il à voix basse; l'Europe est contre nous tout entière, et elle a beau jeu cette fois-ci. Pendant que les Directeurs se battent entre eux comme des chevaux dans une écurie, et que tout tombe par lambeaux dans leur gouvernement, ils laissent les armées sans secours. Nous sommes abîmés en Italie; car, mes amis, nous avons évacué Mantoue à la suite des désastres de la Trébia, et Joubert vient de perdre la bataille de Novi. J'espère que Masséna gardera les défilés de la Suisse que Suwarow a envahie. Nous sommes enfoncés sur le Rhin; le Directoire y a envoyé Moreau; il pourra défendre les frontières... mais la coalition finira par nous écraser, et malheureusement le seul général qui puisse nous sauver est au diable, là-bas en Égypte! Et comment reviendrait-il au surplus? L'Angleterre est maîtresse de la mer.

— L'absence de Bonaparte ne m'inquiète pas, commandant! répondit le jeune lieutenant Gérard chez lequel une éducation soignée avait développé un esprit supérieur. C'est notre révolution qui s'arrêterait. Nous ne sommes pas seulement chargés de défendre le territoire de la France, nous avons une double mission: ne devons-nous pas aussi conserver l'ame du pays, ces principes généreux de liberté, d'indépendance, cette raison humaine, réveillée par nos Assemblées et qui gagnera, j'espère, de proche en proche? La France est comme un voyageur chargé de porter une lumière; elle la garde d'une main et se défend de l'autre. Si vos nouvelles sont vraies, jamais, depuis dix ans, nous n'aurions été entourés de plus de gens qui cherchent à la souffler : doctrines et pays, tout est prêt à périr.

— Hélas oui ! dit en soupirant le commandant Hulot, et ces polichinelles de Directeurs ont su se brouiller avec tous les hommes qui pouvaient mener la barque à bien. Bernadotte, Carnot, tout, jusqu'au citoyen Talleyrand, nous a quitté. Bref, il ne reste plus qu'un seul bon patriote, l'ami Fouché. Il tient tout par la police : aussi est-ce lui qui m'a fait prévenir à temps de cette insurrection ; et encore nous voilà pris, je suis sûr, dans un traquenard.

— Oh ! si l'armée ne se mêle pas un peu de notre gouvernement, dit Gérard, les avocats nous remettront plus mal qu'avant la révolution. Est-ce que ces chafouins-là s'entendent à commander ?..

— J'ai toujours peur, reprit Hulot, d'apprendre qu'ils traitent avec les Bourbons! Tonnerre de Dieu! s'ils s'entendaient, dans quelle passe nous serions ici, nous autres!..

— Non, non, commandant, nous n'en viendrons pas là. L'armée, comme vous le dites, élèvera la voix, et pourvu qu'elle ne prenne pas ses expressions dans le vocabulaire de Pichegru, j'espère que nous ne nous serons pas hachés pendant dix ans pour, après tout, prendre du lin dans une maison et le voir filer à d'autres.

— Oh oui! dit le commandant, il nous en a furieusement coûté pour changer de costume.

— Eh bien! dit le capitaine Merle, agissons toujours ici en bons patriotes, et tâchons d'empêcher nos chouans de communiquer avec la Vendée, car s'ils s'entendent et que l'Angleterre s'en mêle, cette fois je ne répondrais pas du bonnet de la République, une et indivisible...

Là, le cri de la chouette se fit entendre à une distance assez éloignée et interrompit la conversation. Alors le commandant inquiet examina Marche-à-terre dont la figure impassible ne donnait pas, pour ainsi dire, signe de vie.

Les conscrits, rassemblés par un lieutenant, étaient réunis comme un troupeau de bétail au milieu de la route, à trente pas environ de la compagnie en bataille; et derrière eux, à dix pas, se trouvaient les soldats et les patriotes commandés par le lieutenant Lebrun. Le commandant, ayant jeté les yeux sur cet ordre de bataille et regardé une dernière fois le piquet d'hommes postés en avant sur la route, se retournait pour ordonner de se remettre en marche, lorsqu'il aperçut les cocardes tricolores des deux soldats qui revenaient après avoir fouillé les bois de la gauche. Le commandant, ne voyant pas reparaître les deux éclaireurs de la droite, voulut attendre leur retour.

— C'est de-là que la bombe va partir ! dit-il à ses deux officiers en leur montrant le bois où ses deux enfans perdus étaient comme ensevelis.

Pendant que ses deux tirailleurs l'informaient de la sécurité des bois de la gauche, Hulot cessa de regarder Marche-à-terre un moment : alors le chouan se mit à siffler vivement, de manière à faire retentir son cri à une distance prodigieuse ; et, avant qu'aucun de ses deux surveillans l'eût même couché en joue, il leur avait appliqué un coup de fouet qui les renversa sur la berne. Aussitôt, des cris ou plutôt des hurlemens sauvages surprirent les républicains, et une décharge terrible, partie du bois qui surmontait le talus où le chouan s'était assis, abattit sept ou huit soldats. Marche-à-terre, sur lequel cinq à six hommes tirèrent sans l'atteindre, disparut dans le bois après avoir grimpé le talus avec la rapidité d'un chat sauvage. Ses sabots roulèrent dans le fossé, et il fut aisé de lui voir aux pieds les gros souliers non ferrés que portaient habituellement les Chasseurs du Roi.

Aux premiers cris jetés par les chouans, tous les conscrits sautèrent dans le bois à droite, semblables à ces troupes d'oiseaux qui s'envolent à l'approche d'un voyageur.

— Feu! feu sur eux! s'écria le commandant.

La compagnie tira sur le bois, mais les conscrits avaient su se mettre tous à l'abri de cette fusillade en s'adossant à des arbres; et, avant que les armes eussent été rechargées, ils avaient disparu.

— Décrétez donc des légions départementales, hein! dit Hulot à Gérard. Il faut être bête comme un Directoire pour vouloir compter sur la réquisition de ce pays-ci. Les Assemblées feraient mieux de ne pas nous voter tant d'habits, d'argent et de munitions, et de nous en donner.

—Voilà des crapauds qui aiment mieux leurs galettes que le pain de munition!.. dit Beau-pied, le *malin* de la compagnie.

A ces mots, des huées et des éclats de rire partis du sein de la troupe républicaine honnirent les déserteurs, mais le silence se rétablit tout-à-coup devant un nouveau spectacle.

Les soldats virent descendre péniblement du talus les deux chasseurs que le commandant avait envoyé battre les bois de la droite. Le moins blessé des deux soutenait son camarade qui abreuvait le terrain de son sang. Les deux pauvres soldats étaient parvenus à moitié de la pente, lorsque Marche-à-terre montra sa face hideuse. Il ajusta si bien les deux bleus qu'il les acheva d'un seul coup, et ils roulèrent pesamment dans le fossé. A peine avait-on vu sa grosse tête, que trente canons de fusil se levèrent, mais semblable à une figure fantasmagorique, il avait disparu derrière les fatales touffes de genêts.

Ces événemens qui exigent tant de mots, se passèrent en une minute; en une minute aussi les patriotes et les soldats de l'arrière-garde rejoignirent le reste de l'escorte.

— En avant! s'écria le commandant.

La compagnie se porta rapidement à l'endroit élevé et découvert où le piquet avait été placé. Là, le commandant mit la compagnie en bataille; et, n'apercevant aucune démonstration hostile de la part des chouans, il espéra que la délivrance des conscrits était le seul but de cette embuscade.

— Leurs cris, dit-il à ses deux amis, m'annoncent qu'ils ne sont pas nombreux; marchons au pas accéléré, nous atteindrons peut-être Ernée sans les avoir sur notre dos.

Ces mots furent entendus d'un conscrit patriote. Il sortit des rangs et se présenta à Hulot.

— Mon général, j'ai déjà fait cette guerre-là en contre-chouan; peut-on vous en toucher deux mots?

— C'est un avocat, dit le commandant à l'oreille de Merle, cela se croit toujours à l'audience. — Allons, plaide! répondit-il au jeune Fougerais qui s'approcha de lui pour lui dire à voix basse :

— Mon commandant, les chouans ont sans doute apporté des armes aux hommes dont ils viennent de se recruter, et si nous levons la semelle devant eux, ils iront nous attendre à chaque coin de bois, et nous tueront jusqu'au dernier avant que nous arrivions à Ernée. Il faut plaider comme tu le dis, mais avec des cartouches. Pendant la bataille qui durera encore plus de temps que tu ne le crois, l'un de mes camarades ira chercher la garde nationale et les compagnies franches de Fougères; et quoique nous ne soyons que des conscrits, tu verras si nous sommes de la race des corbeaux!...

— Tu crois donc les chouans bien nombreux?...

— Vois, citoyen commandant!

Il amena Hulot à un endroit du plateau où le sable avait été remué comme avec un râteau; et, le conduisant assez avant dans un sentier, ils virent les vestiges du passage d'un grand nombre d'hommes:

les feuilles étaient comme empreintes sur la terre qui semblait battue.

— Ceux-là sont les gars de Vitré, dit le Fougerais; ils ont été se joindre aux Bas-Normands.

— Comment te nommes-tu, citoyen? demanda Hulot.

— Gudin, mon commandant.

— Eh bien! Gudin, je te fais sergent de tes bourgeois, car tu m'as l'air d'un homme solide. Je te charge de choisir celui de tes camarades qu'il faut envoyer à Fougères. Tu te tiendras à côté de moi. D'abord, va avec tes réquisitionnaires prendre les fusils, les gibernes et les habits des pauvres camarades que ces brigands-là ont couchés dans le chemin. Vous ne resterez pas ici à manger des coups de fusil sans en rendre.

Les intrépides Fougerais allèrent chercher la dépouille des morts, et la compagnie entière les protégea par un feu bien nourri dirigé sur le bois, de manière qu'ils réussirent à dépouiller les morts sans perdre un seul homme.

— Ces Bretons-là, dit Hulot à Gérard, feront de fameux fantassins si jamais la gamelle leur sourit.

L'émissaire choisi par Gudin partit en courant par un sentier détourné des bois de gauche.

Alors les soldats, occupés à visiter leurs armes, s'apprêtaient au combat : le commandant les passant en revue des yeux leur sourit; et restant quelques pas en avant avec ses deux officiers favoris, tous attendirent de pied ferme l'attaque des chouans. Le silence régna de nouveau pendant un instant; mais il ne fut pas de longue durée.

Trois cents chouans, dont les costumes étaient identiques avec ceux des réquisitionnaires, débouchèrent par les bois de la droite : ils vinrent tumultueusement et en poussant de véritables hurlemens, occuper toute la route devant le faible bataillon des bleus. Le commandant rangea ses soldats en deux parties égales présentant chacune un front de dix hommes. Il plaça au milieu de ces deux troupes ses douze réquisitionnaires équipés en toute hâte, et se mit à leur tête.

Cette petite armée était protégée par deux ailes de vingt-cinq hommes chacune, qui manœuvrèrent sur les deux côtés du chemin, sous les ordres de Gérard et de Merle. Ils devaient prendre à propos les chouans par leurs flancs, et les empêcher de *s'égailler*.

Cette expression du patois de ces contrées signifiait se répandre dans la campagne et s'y placer de manière à tirer les bleus sans danger : alors les troupes républicaines ne savaient où prendre leurs ennemis.

Ces dispositions, faites par le commandant avec la rapidité exigée en cette circonstance, ayant donné une incroyable confiance aux soldats, ils marchèrent sur les chouans en silence.

Au bout de trois minutes exigées par la marche des deux corps l'un vers l'autre, une décharge à bout portant eut lieu et répandit la mort dans les deux troupes. A ce moment, les deux ailes républicaines auxquelles les chouans n'avaient pu rien opposer, arrivèrent sur leurs flancs, et semèrent la mort et le désordre au milieu de leurs ennemis par des fusillades vives et serrées. Cette manœuvre rétablit presque l'équilibre numérique entre les deux partis; mais le propre des chouans était une intrépidité et une constance que rien ne surprenait : ils ne bougèrent pas, leur perte ne les ébranla point, ils se serrèrent et tâchèrent d'envelopper la petite troupe noire et bien alignée des bleus, qui, tenant peu d'espace, ressemblait à une reine d'abeilles au milieu d'un essaim.

Il s'engagea un de ces combats horribles où le bruit de la mousqueterie est rarement entendu, où il est remplacé par le cliquetis de ces luttes à armes blanches pendant lesquelles on se bat corps à corps, et où la supériorité numérique décide, à courage égal, de la victoire. Les chouans l'auraient emporté de prime-abord si les deux ailes, commandées par Merle et Gérard, n'avaient pas réussi à opérer deux ou trois décharges en écharpe sur ceux qui se trouvaient en queue. Ils auraient dû rester dans leurs positions et continuer ainsi d'ajuster avec adresse leurs terribles adversaires; mais les soldats de ces deux ailes, animés par la vue des dangers que couraient ces héroïques bataillons de bleus alors complètement entourés par les Chasseurs du Roi, se jetèrent sur la route comme des furieux, la baïonnette en avant, et rendirent la partie plus égale pour quelques instans.

Les deux troupes se livrèrent alors à un acharnement aiguisé par toute la fureur et la cruauté de l'esprit de parti qui firent de cette guerre une guerre de sauvages. Chacun, attentif à son danger, devint silencieux. La scène fut sombre et froide comme la mort. Au milieu de ce silence, on n'entendait, à travers le cliquetis des armes et le grincement du sable sous les pieds, que les exclamations sourdes et graves de ceux qui, blessés grièvement ou mourans, tombaient à terre.

Au sein du parti républicain, les douze réquisitionnaires défendaient avec un tel courage le commandant, occupé à donner des avis et des ordres multipliés, que plus d'une fois deux ou trois soldats crièrent : — Bravo, les recrues !

Hulot, impassible et l'œil à tout, remarqua bientôt parmi les chouans un homme, entouré comme lui d'une troupe d'élite, et qui devait être leur chef. Il était intéressant de pouvoir le reconnaître ; mais Hulot essaya vainement et à plusieurs reprises de distinguer les traits de son adversaire : les bonnets rouges et les chapeaux à grands bords des chouans lui dérobaient toujours cette figure intéressante. En revanche, il aperçut, aux côtés du général ennemi, Marche-à-terre, dont la voix rauque répétait les ordres et dont la carabine ne restait pas inactive.

Néanmoins le commandant, impatienté de cette contrariété renaissante, mit l'épée à la main; et, animant ses réquisitionnaires, il chargea sur le centre des chouans avec une telle furie qu'il fit pour un moment parmi les défenseurs du chef une large trouée qui lui permit de l'entrevoir. Malheureusement sa figure était entièrement cachée par un chapeau à vastes bords orné d'une énorme cocarde blanche, que le mouvement brusque causé par l'attaque de Hulot avait fait retomber sur son front; mais le commandant put saisir et graver dans sa mémoire l'ensemble de ce personnage.

Ce jeune chef, car Hulot ne lui donna pas plus de vingt-cinq ans, portait une veste de chasse en drap vert; sa ceinture blanche contenait des pistolets; ses gros souliers étaient ferrés comme ceux des chouans, et des guêtres de chasseur montant jusqu'aux genoux et s'adaptant à une culotte de coutil très-grossier complétaient ce costume qui laissait voir une taille moyenne, mais svelte et bien prise.

Furieux de voir les bleus arriver jusqu'à lui, il releva brusquement son chapeau et s'avança; il fut promptement entouré de Marche-à-terre et de quelques chouans alarmés. Alors Hulot crut apercevoir, à travers les intervalles laissés par les têtes qui se pressaient, un large cordon bleu en sautoir orner le gilet blanc que la veste entr'ouverte du jeune homme permettait de voir. Les yeux du commandant, attirés d'abord par l'éclat de cette décoration royale, complètement oubliée alors, se portèrent sur-le-champ sur un visage qu'il perdit bientôt de vue, forcé par les accidens du combat de veiller à la sûreté et aux évolutions de sa petite troupe.

Aussi, à peine vit-il des yeux étincelans dont il ne distingua pas la couleur, des cheveux blonds et des traits assez délicats brunis par le soleil; mais il remarqua un cou nu dont une cravate noire, lâche et à peine nouée, faisait ressortir la blancheur.

L'attitude fougueuse et animée du jeune chef était militaire, à la manière de ceux qui veulent dans un combat une certaine poésie de convention. Sa petite main gantée agitait en l'air une épée presque flamboyante; il y avait de l'élégance et de la force dans sa contenance. Son exaltation consciencieuse, rehaussée par les charmes de la jeunesse et des manières distinguées, en faisait une gracieuse image de cette aristocratie bannie à laquelle on ne saurait refuser de brillantes qualités. Il contrastait vivement avec Hulot qui, à quatre pas de lui, offrait à son tour une image vivante de cette énergique république pour laquelle ce vieux soldat combattait, et dont cette figure sévère, cet uniforme bleu à revers rouges usés, les épaulettes noircies et pendantes derrière les épaules, peignaient si bien les besoins et le caractère.

La pose gracieuse et l'expression du jeune homme n'échappèrentpas à Hulot, qui s'écria en voulant le joindre :

— Ah ! ah ! beau danseur d'opéra, avance donc, que je te démolisse !

Et le chef des chouans, courroucé de son désavantage momentané, s'avança par un mouvement de désespoir ; mais au moment où ses gens le virent se hasarder ainsi, ils se ruèrent sur les bleus. Tout-à-coup sa voix douce et claire domina le bruit du combat :

— Ici saint Lescure est mort ! Ne le vengerez-vous pas ?

A ces mots magiques, l'effort des chouans devint terrible, et les soldats de la republique eurent une peine inouie à se maintenir sans rompre leur petit ordre de bataille.

— Si ce n'était pas un jeune homme, se disait Hulot en rétrogradant pied à pied, nous n'aurions pas été attaqués, car jamais les chouans n'ont livré de bataille... Mais, tant mieux, on ne nous tuera pas comme des chiens, le long de la route!

Puis, élevant la voix de manière à faire retentir les bois :

— Allons, vivement, mes lapins! Allons-nous nous laisser *embêter* par ces brigands!....

Le verbe par lequel nous remplaçons ici l'expression dont se servait le brave commandant, n'en est qu'un faible équivalent; mais les vétérans la reconnaîtront facilement, et ce récit évitera, aux dépens de la vérité, d'être entaché de mauvais goût.

— Gérard, Merle, reprit le commandant, rappelez vos hommes, formez-les en bataillon, reformez-vous en arrière, tirez sur ces chiens-là et finissons-en.

L'ordre de Hulot fut difficilement exécuté, car en entendant la voix de son adversaire, le jeune chef s'écria :

— Par la sainte vierge d'Auray, ne les lâchez pas! égaillez-vous!

Alors, quand les deux ailes commandées par Merle et Gérard se séparèrent du gros de la mêlée, chaque petit bataillon fut suivi par un nombre de chouans obstinés double du leur.

Ces vieilles peaux de bique entourèrent de toutes parts les soldats de Merle et de Gérard, en poussant de nouveau des cris sauvages.

— Taisez-vous donc, canards, on ne s'entend pas tuer !.... s'écria Beau-pied.

Cette plaisanterie ranima le courage.

Au lieu de se battre sur un seul point, les bleus se défendirent sur trois endroits du plateau de la Pélerine, et le bruit de la fusillade éveilla tous les échos de ces vallées naguère si paisibles.

CHAPITRE IV.

La victoire aurait pu rester indécise pendant des heures entières, ou la lutte se serait terminée faute de combattans, car bleus et chouans montraient un courage égal; et depuis plus d'une heure la furie allait en croissant, lorsque dans le lointain un bruit de tambour résonna faiblement. D'après la direction de cette harmonie guerrière, le corps qu'elle annonçait devait traverser la vallée de Couësnon.

— C'est la garde nationale de Fougères !... s'écria Gudin d'une voix forte ; Vannier l'aura rencontrée.

A cette exclamation qui parvint à l'oreille du jeune chef des chouans et de Marche-à-terre, les Chasseurs du Roi firent un mouvement rétrograde, que réprima un cri sauvage jeté par Marche-à-terre. Alors, sur deux ou trois ordres donnés à voix basse par le chef à ce dernier, et transmis par lui aux chouans en bas-breton, ceux-ci opérèrent leur retraite avec une habileté qui déconcerta même le commandant des républicains.

Au premier ordre, les plus valides des chouans se mirent en ligne et présentèrent un front respectable, derrière lequel les blessés et le reste des leurs se retirèrent pour charger leurs fusils; puis, tout-à-coup, avec cette agilité dont Marche-à-terre avait déjà offert l'exemple, les blessés gagnèrent le haut de l'éminence dont la route était flanquée à droite. Ils y furent suivis de la moitié des chouans qui la gravirent lestement et en occupèrent le sommet, ne montrant plus aux bleus que leurs têtes énergiques; se faisant un rempart des arbres, ils dirigèrent les canons de leurs fusils sur les restes de l'escorte qui, d'après les commandemens réitérés de Hulot, s'était rapidement mise en ligne, afin d'opposer sur la route un front redoutable au front menaçant des chouans.

Ces derniers reculèrent lentement en défendant le terrain, et pivotant de manière à se ranger sous le feu de leurs camarades. Quand ils atteignirent le fossé qui bordait la route, ils grimpèrent à leur tour le talus élevé, dont le sommet était occupé par les leurs, et ils les rejoignirent en essuyant bravement le feu de peloton des républicains qui mirent assez d'adresse en les fusillant pour joncher le fossé; mais les Chasseurs du Roi qui couronnaient l'escarpement répondirent par un feu soutenu également meurtrier.

A ce moment, la garde nationale de Fougères arriva sur le lieu du combat: sa présence termina cette affaire. Les gardes nationaux et quelques soldats échauffés franchissaient déjà le fossé et allaient s'engager dans les bois; mais le commandant leur cria de sa voix martiale :

— Voulez-vous vous faire démolir là-bas?...

Alors ils rejoignirent le bataillon maltraité de la république à qui le champ de bataille était resté.

Tous les vieux chapeaux furent mis au bout des baïonnettes, les fusils se hissèrent, et les soldats crièrent d'une voix unanime à deux reprises : *Vive la République !*... Les blessés eux-mêmes, assis sur l'accotement de la route, partagèrent cet enthousiasme, et Hulot ému pressa la main de Gérard en lui disant :

— Hein ! voilà ce qui s'appelle des lapins !...

Merle fut chargé d'ensevelir les morts dans un large fossé de la route. D'autres soldats s'occupèrent du transport des blessés : les charrettes et les chevaux d'une ferme voisine furent mis en réquisition ; et l'on s'empressa d'y placer sur les dépouilles des morts les camarades souffrans.

Avant de partir, la garde nationale de

Fougères livra à Hulot un chouan dangereusement blessé qu'elle avait pris dans le fossé de la côte abrupte par où s'échappèrent les Chasseurs du Roi, et où il avait roulé, trahi par ses forces expirantes.

— Merci de votre coup de main, citoyens, dit le commandant; sans vous, nous passions un rude quart-d'heure! Prenez garde à vous, la guerre est décidément commencée; adieu, mes braves.

Puis Hulot se tournant vers le prisonnier :

— Quel est le nom de ton général? lui demanda-t-il.

— Le Gars!...

— Qui? — Marche-à-terre?...

— Non, le Gars!...

— D'où le Gars est-il venu?

A cette question, le Chasseur du Roi,

dont la figure rude et sauvage était abattue par la douleur de ses blessures, garda le silence ; il prit son chapelet et récita des prières.

— Le Gars est sans doute ce jeune ci-devant à cravate noire ? Il a été envoyé par le tyran et ses alliés Pitt et Cobourg.

A ces mots, le chouan qui n'en savait pas si long, releva fièrement la tête : — Envoyé par Dieu et le Roi !...

Il prononça ces paroles avec une énergie qui épuisa ses forces. Le commandant voyant qu'il était difficile d'obtenir des aveux d'un homme mourant, dont toute la contenance trahissait un fanatisme obscur, détourna la tête en fronçant le sourcil. Deux soldats, les amis de ceux que Marche-à-terre avait si brutalement dépêchés d'un coup de fouet sur l'accotement de la route, car ils y étaient morts, se reculèrent de quelques pas ; et, ajustant le chouan dont les yeux fixes ne se baissèrent pas devant les canons dirigés sur lui, ils le tirèrent à bout portant et il tomba. Lorsque les soldats s'approchèrent pour le dépouiller, il cria fortement : *Vive le Roi!*

— Oui, oui, dit La-clef-des-cœurs, va-t'en manger de la galette chez ta bonne Vierge, sournois ! Ne vient-il pas nous crier au nez vive le tyran, quand on le croit frit!

— Tenez, mon commandant, dit Beaupied, voici les papiers du brigand?

— Oh ! oh! s'écria La-clef-des-cœurs, venez donc voir ce fantassin du bon Dieu qui a des couleurs sur l'estomac!...

Hulot et quelques soldats entourèrent alors le corps entièrement nu du chouan. Ils aperçurent sur sa poitrine une espèce de tatouage de couleur bleuâtre qui représentait un cœur enflammé : c'était le signe de ralliement des initiés de la confrérie du *Sacré-Cœur*. Au-dessous de cette image, Hulot put lire : *Marie Lambrequin*, sans doute le nom du chouan.

— Tu vois bien, La-clef-des-cœurs! dit Beau-pied; eh bien! tu serais cent décades à deviner à quoi sert ce fourniment-là ?

— Est-ce que je me connais aux uniformes du pape?... répliqua La-clef-des-cœurs.

— Tu fais la guerre en pousse-caillou, et tu ne t'instruiras jamais! reprit Beau-pied; tu ne vois donc pas qu'on a promis à ce coco-là qu'il ressusciterait, et il s'est peint le gésier pour se reconnaître.

A cette saillie, qui n'était pas sans fondement, Hulot lui-même ne put s'empêcher de partager l'hilarité générale. A ce moment Merle acheva de faire ensevelir les morts, et les blessés avaient été, tant bien que mal, arrangés dans deux charrettes par leurs camarades. Les autres soldats, rangés d'eux-mêmes sur deux files le long de ces ambulances improvisées, descendaient le revers de la montagne qui regarde le Maine et d'où l'on aperçoit la belle vallée de la Pélerine, la sœur et la rivale de celle de Couësnon. Alors Hulot, accompagné de ses deux amis, Merle et Gérard, suivit lentement ses soldats, en souhaitant d'arriver sans malheur à Ernée où les blessés devaient trouver des secours.

Ce combat, presque ignoré à travers les grands événemens qui se préparaient en France, prit le nom du lieu où il fut livré. Il marqua beaucoup au milieu des événemens qui servirent de prélude à la seconde guerre des chouans, par le changement qu'il annonçait dans leur manière de guerroyer. Ils n'avaient jamais attaqué jusqu'alors des détachemens aussi considérables.

Selon les conjectures de Hulot, le jeune général royaliste qu'il avait aperçu devait être *le Gars*, ce chef envoyé en France par les princes. Cette circonstance rendait le commandant aussi inquiet après sa triste victoire qu'au moment où il soupçonna l'embuscade. Il se retourna à plusieurs reprises pour contempler le plateau de la Pélerine qu'il laissait derrière lui et d'où arrivait encore, par intervalles, le son étouffé des tambours de la garde nationale qui descendait dans la vallée de Couësnon, comme les bleus descendaient eux-mêmes dans la vallée de la Pélerine.

— Y a-t-il un de vous, dit-il brusquement à ses deux amis, qui puisse deviner le motif de l'attaque des chouans?

car, pour eux, les coups de fusil sont un commerce, et je ne vois pas encore ce qu'ils gagnent à ceux-ci... Ils auront au-moins perdu cent vingt hommes, et nous, dit-il, en retroussant sa joue droite et clignant des yeux pour sourire, et nous tout au plus quarante !... Tonnerre de Dieu ! je ne comprends pas la spéculation !... Ils pouvaient bien se dispenser de nous attaquer... Nous aurions passé comme des lettres à la poste ; et je ne vois pas à quoi leur a servi de nous faire des boutonnières ?

Et il montra par un geste triste les deux charrettes de blessés.

— Mais, mon commandant, ils y ont gagné nos cent cinquante serins ! répondit Merle.

— Les réquisitionnaires auraient sauté comme des grenouilles dans le bois, que nous ne les aurions pas été repêcher, surtout après avoir essuyé une bordée! répliqua Hulot. — Non, non, reprit-il; il y a quelque chose là-dessous.

Il se retourna encore vers la Pélerine.

— Tenez! s'écria-t-il, voyez!

Quoique les trois officiers fussent déjà éloignés de ce fatal plateau, leurs yeux exercés reconnurent facilement Marche-à-terre et quelques chouans qui l'occupaient de nouveau.

— Allez au pas accéléré! cria Hulot à sa troupe; ouvrez le compas et faites marcher plus vite que ça ces chevaux-là. Ont-ils les jambes gelées? Ces bêtes-là seraient-elles des Pitt et Cobourg?

Ces paroles imprimèrent à la petite troupe un mouvement rapide.

— Quant au mystère dont je ne puis percer l'obscurité, Dieu veuille, mes amis, dit-il aux deux officiers, qu'il ne se débrouille pas par des coups de fusil à

Ernée!... J'ai bien peur d'apprendre que la route de Mayenne nous est encore coupée par les sujets du roi.

Le problème de stratégie qui hérissait la moustache du commandant Hulot, ne causait pas, en ce moment, une moins vive inquiétude aux gens qu'il avait aperçus sur le sommet de la Pélerine.

Aussitôt que le bruit du tambour de la garde nationale fougeraise ne retentit plus et que Marche-à-terre eut aperçu les bleus atteindre le pied de la longue rampe qu'ils avaient descendue, il fit entendre gaiement le cri de la chouette et les chouans reparurent, mais moins nombreux. Plusieurs d'entre eux étaient sans doute occupés à placer les blessés dans les maisons du village de la Pélerine, situé au bas de la montagne, dans la vallée de Couësnon. Deux ou trois chefs des Chasseurs du Roi vinrent auprès de Marche-à-terre : à quatre pas d'eux, le jeune chef, assis sur une roche de granit, semblait absorbé dans les nombreuses pensées excitées par les difficultés que son entreprise présentait déjà.

Marche-à-terre, formant avec sa main une espèce d'auvent au-dessus de son front pour garantir ses yeux de l'éclat du soleil, contemplait avec une sinistre inquiétude la route que suivaient les républicains à travers la vallée de la Pélerine : ses petits yeux noirs et perçans essayaient de découvrir ce qui se passait sur l'autre rampe, à l'horizon de la vallée.

— Les bleus vont intercepter le courrier ! dit d'une voix farouche celui des chefs qui se trouvait le plus près de Marche-à-terre.

— Par la sainte vierge d'Auray ! reprit un autre, pourquoi nous as-tu fait battre ? Etait-ce pour sauver ta peau ?

Marche-à-terre lui lança un regard comme venimeux, et, frappant le sol de sa lourde carabine :

— Suis-je le chef?... Mais si vous vous étiez battus, comme moi, pas un de ces bleus-là n'aurait échappé! répondit-il en montrant les restes du détachement de Hulot. Alors peut-être la voiture serait-elle arrivée jusqu'ici.

— Crois-tu, reprit un troisième, qu'ils penseraient à l'escorter ou à la retenir, si nous les avions laissé passer tranquillement? Tu as voulu sauver ta peau de chien, parce que tu ne croyais pas les bleus en route! et, pour son grouin, ajouta-t-il en se tournant vers les autres, il nous a fait saigner et nous perdrons encore ces vingt mille francs de bon or...

— Chien toi-même!... s'écria Marche-à-terre en se reculant de trois pas et ajustant son agresseur; ce ne sont pas les bleus que tu hais, c'est l'or que tu aimes!... Tiens, tu mourras sans confession, vilain damné, qui n'as pas communié cette année!...

Cette insulte irrita le chouan au point de le faire pâlir, et un sourd grognement sortit de sa poitrine pendant qu'il se mit en mesure de mirer Marche-à-terre.

Le jeune chef s'élança entre eux. Comme cette conversation avait été tenue en bas-breton, il demanda l'explication de la dispute en frappant chaque carabine avec le canon de la sienne : les armes tombèrent des mains aux deux chouans.

— Monsieur le marquis, dit Marche-à-terre en achevant son discours, c'est d'autant plus mal à eux de m'en vouloir, que j'ai laissé en arrière Pille-miche qui saura peut-être sauver la voiture des griffes des voleurs!...

Et il montra les bleus par un geste de main.

— Comment! s'écria le jeune homme devenu pourpre de colère; c'est donc pour arrêter une voiture publique que vous restez encore ici!... lâches qui n'avez pu remporter une victoire dans le premier combat où j'ai commandé!... Mais comment triompherait-on avec de semblables intentions? Les défenseurs de Dieu et du Roi sont-ils des brigands?... Par la sainte vierge d'Auray! nous avons à faire la guerre à la république et non aux diligences... Je déclare que ceux qui désormais se rendront coupables d'attaques aussi honteuses, sans qu'elles soient autorisées par moi, ne recevront pas l'absolution et ne profiteront pas des faveurs réservées aux braves serviteurs du Roi.

Un sourd murmure s'éleva du sein de cette troupe. Il était facile de voir que l'autorité importante et difficile à établir sur ces hordes indisciplinées allait être compromise; et le jeune chef, auquel ce mouvement n'avait pas échappé, cherchait déjà à sauver sa douteuse autorité, lorsque le trot d'un cheval retentit au milieu du silence. Toutes les têtes se tournèrent dans la direction présumée du personnage qui survenait.

C'était une jeune femme assise en travers sur un petit cheval breton. Elle le mit au galop pour arriver plus vite auprès de la troupe des chouans, aussitôt qu'elle aperçut le jeune homme.

— Qu'avez-vous donc?... demanda-t-elle en regardant tour à tour les chouans et leur chef.

— Croiriez-vous, Madame, qu'ils attendent la correspondance de Mayenne à Fougères pour la piller, quand nous venons d'avoir, pour délivrer nos gars de

Fougères, une escarmouche qui nous a coûté beaucoup d'hommes sans que nous ayions pu détruire les bleus!

—Eh bien! où est le mal? demanda la jeune dame à laquelle un tact naturel aux femmes révéla le secret de la scène; vous avez perdu des hommes, nous n'en manquons pas; le courrier porte de l'argent, sans doute, nous en manquons! Nous enterrerons nos hommes qui iront au ciel, et nous prendrons l'argent qui ira dans les poches de tous ces braves gens. Où est la difficulté?

— N'y a-t-il donc rien là-dedans qui vous fasse rougir?... demanda le jeune homme à voix basse. Êtes-vous donc dans un tel besoin d'argent, que vous ayiez besoin d'en prendre sur les routes.

—J'en suis tellement affamée, marquis, que je mettrais, je crois, mon cœur en gage s'il n'était pas pris, dit-elle en lui souriant avec coquetterie. Mais d'où venez-vous donc, pour croire que vous vous servirez des chouans sans leur laisser piller par-ci par-là quelques bleus ? Ne savez-vous pas le proverbe : *Voleur comme une chouette?* Or, qu'est-ce qu'un chouan ? D'ailleurs, dit-elle en élevant la voix, n'est-ce pas une action juste ? Les bleus n'ont-ils pas pris tous les biens de l'Eglise et les nôtres ?...

Un autre murmure, bien différent du premier, accueillit ces paroles. Alors le jeune marquis, dont le front se rembrunissait, prit la jeune dame à part et lui dit avec la vive bouderie d'un homme bien élevé :

— Ces Messieurs viendront-ils à la Vivetière au jour fixé ?

— Oui.

— Permettez que j'y retourne, je ne saurais sanctionner de tels brigandages par ma présence ! Oui, Madame, j'ai dit brigandages. Il y a de la noblesse à être volé, mais...

— Eh bien ! dit-elle en l'interrompant, j'aurai votre part, et cela me fera grand bien ! car ma mère a tellement tardé à m'envoyer de l'argent, que je suis au désespoir.

— Adieu ! s'écria le jeune chef. Et il disparut.

La jeune dame écouta avec un déplaisir marqué le bruit de ses pas. Quand le bruissement des feuilles séchées eut insensiblement cessé, elle resta comme interdite ; mais elle laissa brusquement échapper un geste de dédain et dit à Marche-à-terre qui l'aidait à descendre de cheval :

— Ce jeune homme-là voudrait pouvoir s'arranger à l'amiable avec la République ! — Prr... encore quelques jours et il changera d'opinion! — Comme il m'a traitée!...

Elle s'assit sur la roche qui avait servi de siége au marquis et attendit en silence l'arrivée de la voiture.

Ce n'était pas un des moindres phénomènes de cette époque que cette jeune dame noble, jetée par de violentes passions dans la lutte des monarchies contre l'esprit du siècle et poussée par la vivacité de ses sentimens à des actions dont elle n'était pas pour ainsi dire complice; semblable en cela à tant d'autres qui furent entraînées par une inexplicable exaltation.

Comme elle, beaucoup de femmes jouèrent des rôles ou héroïques ou blâmables dans cette tourmente, et la cause royaliste ne trouva pas d'émissaires plus dévoués et plus actifs qu'elles; mais nulle peut-être n'eut un moment d'expiation plus terrible que cette dame, lorsque, assise sur le granit de la route, elle ne put refuser son admiration au noble dédain et à la loyauté du jeune chef.

Elle tomba insensiblement dans la rêverie : d'amers souvenirs lui firent désirer l'innocence de ses premières années et regretter de n'avoir pas été une victime de cette grande et victorieuse révolution dont ses jeunes et jolies mains essayaient d'arrêter la marche.

CHAPITRE V.

La voiture qui entrait pour quelque chose dans l'attaque des bleus par les chouans avait quitté la petite ville d'Ernée quelques instans avant l'escarmouche des deux partis.

Rien ne peint mieux un pays que l'état de son matériel social ; et, sous ce rapport, cette voiture mérite une mention honorable. La révolution elle-même n'eut pas le pouvoir de la détruire, car elle roule encore de nos jours.

Lorsque M. Turgot remboursa le privilége qu'une compagnie obtint, sous Louis XIV, de transporter exclusivement les voyageurs par tout le royaume, et qu'il institua les entreprises nommées alors *les turgotines ;* les vieux carrosses de MM. de Vouges, Chanteclaire et veuve Lacombe refluèrent dans les provinces. C'était une de ces mauvaises voitures qui établissait la communication entre Mayenne et Fougères. Quelques entêtés l'avaient jadis nommée, par antiphrase, *la turgotine*, pour singer Paris, ou en haine d'un ministre qui tentait des innovations.

Cette turgotine était un méchant cabriolet à deux roues très-hautes, au fond duquel deux personnes un peu grosses auraient eu quelque difficulté à tenir. L'exiguité de cette machine prohibant tout bagage un peu lourd, et le coffre qui en formait le siége étant exclusivement réservé au service de la poste, si les voyageurs avaient quelque attirail, ils étaient obligés de le garder entre leurs jambes déjà torturées par le peu d'ampleur de la caisse.

Cette petite caisse ne ressemblait pas mal à un triangle couché sur son sommet. Sa couleur primitive et celle des roues fournissait une éternelle énigme aux voyageurs : deux rideaux de cuir, difficiles à marier et accusant de longs services, devaient protéger les patiens contre le froid et la pluie. Le conducteur, assis sur une banquette semblable à celle des plus mauvais coucous parisiens, participait forcément à la conversation, par la manière dont il était placé entre ses victimes bipèdes et quadrupèdes.

Cet équipage ressemblait assez à ces vieillards décrépits qui ont essuyé nombre de catarrhes, d'apoplexies, et que la mort semble respecter. Semblable à un voyageur sommeillant, il se penchait alternativement en arrière et en avant, comme s'il eût essayé de résister à l'action violente de deux petits chevaux bretons qui le traînaient sur une route passablement raboteuse.

Ce monument d'un autre âge contenait trois voyageurs qui, en sortant d'Ernée où l'on avait relayé, continuèrent avec le conducteur une conversation commencée depuis long-temps.

— Comment voulez-vous que les chouans se soient montrés par ici? disait le conducteur; on vient de me dire que le commandant Hulot n'a pas encore quitté Fougères....

— Oh ! oh ! l'ami, lui répondit le moins âgé des voyageurs, on voit bien que tu ne risques que ta carcasse ; mais si tu avais, comme moi, trois cents écus sur toi, et que tu fusses connu pour un bon patriote, tu ne serais pas si tranquille !

— Vous êtes en tout cas bien bavard ! répondit le conducteur en hochant la tête.

— Brebis comptées, le loup les mange ! reprit le second personnage.

Ce dernier, vêtu de noir, paraissait avoir une quarantaine d'années et devait être quelque recteur des environs. Son menton s'appuyait sur un double étage ; son teint était fleuri ; et, quoique gros et court, il déployait une certaine agilité chaque fois qu'il fallait descendre de voiture ou y remonter.

— Seriez-vous des chouans? s'écria l'homme aux trois cents écus, dont l'opulente peau de bique couvrant un pantalon de bon drap et une veste fort propre annonçaient un riche cultivateur. Par l'ame de Roberspierre, je jure que vous seriez mal reçus!.. Et, promenant ses yeux gris du conducteur aux voyageurs, il leur montra deux pistolets à sa ceinture.

— Les Bretons n'ont pas peur de cela! dit avec dédain le recteur; et nous n'avons pas l'air de vouloir vous prendre votre argent. Le mot d'argent rendait le conducteur taciturne chaque fois qu'on le prononçait; or le recteur avait précisément assez d'esprit pour concevoir des doutes sur la réalité des écus du patriote, et croire que leur guide en portait.

— Es-tu chargé, aujourd'hui, Coupiau? demanda-t-il.

— Oh! monsieur Gudin, je n'ai quasiment *rin*, répondit le conducteur.

M. Gudin ayant interrogé la figure du patriote et celle de Coupiau, les trouva également imperturbables pendant cette réponse.

— Tant mieux pour toi!... répliqua le patriote, et alors je pourrai prendre mes mesures pour sauver mon avoir en cas de malheur! — La dictature qu'il réclamait ainsi révolta Coupiau, qui reprit brutalement :

— Je suis le maître de ma voiture, et pourvu que je vous conduise....

— Es-tu patriote? es-tu chouan? lui demanda vivement son adversaire en l'interrompant.

— Ni l'un ni l'autre, lui répondit Coupiau; je suis postillon et Breton, qui plus est, partant je ne crains ni les bleus ni les gentilshommes.

— Tu veux dire les gens-pille-hommes, reprit le patriote avec ironie.

— Ils ne font que reprendre ce qu'on leur a ôté, dit le recteur.

Les deux voyageurs se regardèrent, s'il est permis de s'exprimer ainsi, dans le blanc des yeux.

Il existait au fond de la voiture un troisième voyageur qui gardait, au milieu de ces débats, le plus profond silence : le conducteur, le patriote et même M. Gudin son voisin ne faisaient aucune attention à lui.

C'était en effet un de ces voyageurs incommodes et peu sociaux qui sont dans une voiture comme un pourceau résigné que l'on mène les pattes liées au marché voisin. Ils commencent par s'emparer de toute leur place légale, grognent un peu et finissent par dormir sans aucun respect humain.

Le patriote, M. Gudin et le conducteur l'avaient donc laissé à lui-même sur la foi de son sommeil, après s'être aperçus qu'il était inutile de parler à un homme dont la figure, comme pétrifiée, annonçait qu'il passait sa vie à compter des aunes de toile et que son intelligence se bornait à savoir les vendre plus cher qu'elles ne lui coûtaient.

Mais ce petit homme, gros, court et qui semblait s'être pelotonné dans son coin, ouvrait de temps en temps deux petits yeux de faïence; et, pendant cette discussion, il les avait successivement portés sur chaque interlocuteur avec des expressions d'effroi, de doute et de défiance. Mais ses craintes semblaient n'être causées que par ses compagnons de voyage; et quand il regardait le conducteur, on eût dit de deux francs-maçons.

A ce moment la fusillade de la Pélerine commença. Coupiau déconcerté arrêta sa voiture.

— Oh! oh! dit l'ecclésiastique qui paraissait s'y connaître, c'est un engagement sérieux, car il y a beaucoup de monde.

— L'embarrassant, monsieur Gudin, est de savoir qui l'emportera.

Cette fois les figures furent unanimes dans leur anxiété.

— Entrons la voiture, dit le patriote, dans cette auberge-là bas; nous la cacherons, et nous attendrons le résultat de la bataille.

Cet avis parut si sage que Coupiau s'y rendit. Quand le patriote aida le conducteur à cacher la voiture à tous les regards, derrière un tas de fagots de l'auberge, le prétendu recteur dit à Coupiau :

— Est-ce qu'il aurait réellement de l'argent ?

— Hé, monsieur Gudin, si ce qu'il a entrait dans les poches de Votre Révérence, elles ne seraient pas lourdes !

Les républicains, pressés de gagner Ernée, passèrent devant l'auberge sans y entrer. Au bruit de leur marche précipitée, Gudin et l'aubergiste, stimulés par la curiosité, avancèrent de quelques pas hors de la cour pour assister à ce spectacle. Tout-à-coup le gros ecclésiastique courut à un soldat qui restait en arrière.

— Eh bien, Gudin ! s'écria-t-il, entêté, tu vas avec les bleus... Mon enfant, y penses-tu ?

— Oui, mon oncle, répondit le sergent ; j'ai juré de défendre la France !

— Eh! malheureux, tu perds ton ame!

— Mon oncle, si le roi avait été à la tête de ses armées, je ne dis pas que....

— Eh! imbécile, qui te parle du roi?... Ta république donne-t-elle des abbayes? Elle a tout renversé! A quoi veux-tu parvenir?... Reste avec nous, nous triompherons un jour ou l'autre, et tu deviendras conseiller à quelque parlement.

— Des parlemens?.... dit Gudin d'un ton moqueur. — Adieu, mon oncle!

— Tu n'auras pas trois louis de moi!.. dit l'oncle en colère.—Ils se séparèrent.

Pendant le passage de la petite troupe, les fumées du cidre versé par le patriote à Coupiau avaient réussi à obscurcir l'intelligence du conducteur; mais il se réveilla tout joyeux quand l'aubergiste, qui s'était informé du résultat de la lutte, annonça que les bleus avaient eu l'avantage.

Alors Coupiau remit sa voiture en route. Elle ne tarda pas à se montrer au fond de la vallée de la Pélerine, entre les deux longues rampes, semblable à un débris de vaisseau nageant sur les flots après une tempête.

Hulot était arrivé en haut de la côte que les bleus gravissaient, et d'où l'on apercevait encore la Pélerine dans le lointain. Il se retourna pour voir si les chouans y séjournaient toujours. Le soleil frappant sur les canons de leurs fusils les lui indiqua comme des points brillans. Alors, en jetant un dernier regard sur la vallée qu'il allait quitter pour entrer dans celle d'Ernée, il aperçut l'équipage de Coupiau, débouchant sur la grande route.

— N'est-ce pas la voiture de Mayenne à Fougères? demanda-t-il à ses deux amis. Les deux officiers, dirigeant à l'envi leurs yeux sur la vieille turgotine, la reconnurent.

— Hé bien ! dit le commandant, comment ne l'avons-nous pas rencontrée ?.... Ils se regardèrent en silence.

— Voilà encore une énigme ! s'écria le commandant indigné ; je commence à entrevoir la vérité sans me l'expliquer...

A ce moment Marche-à-terre reconnaissait aussi la turgotine ; il la signala à ses camarades et les éclats de leur joie tirèrent la jeune dame de sa rêverie. Elle s'avança et vit la voiture qui s'approchait avec une fatale rapidité du revers de la Pélerine. La malheureuse turgotine arriva bientôt sur le plateau, et alors les chouans qui s'étaient cachés fondirent sur leur proie avec une avide célérité.

Le voyageur muet se laissa couler au fond de la voiture et s'y cacha soudain en cherchant à garder l'apparence d'un ballot.

— Ah bien! s'écria Coupiau de dessus son siége, vous avez senti le patriote que voilà, car il a de l'or un plein sac! — Il leur désigna le paysan.

Un éclat de rire général des chouans accueillit ces paroles et ils crièrent :

— C'est Pille-miche!...

Au milieu de ce rire auquel Pille-miche lui-même répondait comme un écho, Coupiau honteux descendit. Lorsque Pille-miche aida son voisin à quitter la voiture, il s'éleva un murmure de respect :

— C'est l'abbé Gudin! crièrent deux ou trois voix.

A ce nom respecté, tous les chapeaux furent ôtés, et les chouans s'agenouillèrent en demandant sa bénédiction. L'abbé la leur donna gravement.

— Il tromperait saint Pierre et lui volerait les clefs du Paradis, dit le recteur en frappant sur l'épaule de Pille-miche; sans lui les bleus nous interceptaient.

Mais l'abbé, apercevant la jeune dame, alla s'entretenir avec elle à voix basse.

Marche-à-terre avait ouvert lestement le coffre du cabriolet; il montra avec une joie sauvage un sac dont les formes annonçaient qu'il contenait des rouleaux d'or.

Marche-à-terre ne resta pas longtemps à faire les parts. Chaque chouan reçut de lui son contingent avec une telle exactitude, que ce partage n'excita pas la moindre querelle; puis, s'avançant vers la jeune dame et l'abbé, il leur présenta environ six mille francs.

— Puis-je accepter en conscience, monsieur Gudin? dit-elle, sentant intérieurement le besoin d'une approbation.

— Comment donc, Madame ! l'Église n'a-t-elle pas autrefois approuvé la confiscation des biens des protestans ? A plus forte raison celle des révolutionnaires qui renient Dieu, détruisent les chapelles, persécutent la religion ! — Et l'abbé accepta cette dîme de nouvelle espèce que lui offrait Marche-à-terre. — Au reste, ajouta-t-il, je puis maintenant consacrer tout ce que je possède à la défense de Dieu et du Roi, car j'ai reconnu tout-à-l'heure mon neveu parmi les bleus !...

Coupiau se lamentait et criait qu'il était ruiné.

— Viens avec nous.... lui dit Marche-à-terre, et tu auras ta part !

— Mais on croira que j'ai fait exprès de me laisser voler, si je reviens sans avoir essuyé de violence.

— N'est-ce que ça ? dit Marche-à-terre.

A un signal qu'il fit, une décharge eut lieu sur la turgotine.

A cette fusillade imprévue, la vieille voiture poussa un cri si lamentable que les chouans, naturellement superstitieux, reculèrent d'effroi; mais Marche-à-terre avait vu sauter la figure pâle du voyageur taciturne, qui soudain était retombé dans un coin de la caisse, semblable à une grenouille qui s'élance à l'eau.

— Tu as encore une volaille dans ton poulailler?... dit tout bas Marche-à-terre à Coupiau. Pille-miche qui comprit la question fit un signe d'intelligence au chouan.

— Oui, répondit le conducteur; mais je mets pour condition à mon enrôlement avec vous autres, que vous me laisserez conduire ce brave homme sain et sauf à Fougères; je l'ai juré par la sainte vierge d'Auray.

— Qui est-ce?...... demanda Pille-miche.

— Je ne puis pas vous le dire, répondit Coupiau.

— Laisse-le donc, reprit Marche-à-terre en poussant Pille-miche par le coude, puisqu'il a juré par la sainte vierge d'Auray, il faut qu'il garde ses promesses! — Mais, dit le chouan en s'adressant à Coupiau, ne descends pas trop vite la montagne, nous allons te rejoindre et pour cause; je veux voir le museau de ton voyageur; nous lui donnerons un passe-port!

A ce moment on entendit le bruit d'un cheval au galop; le jeune chef apparut tout-à-coup, et la dame honteuse cacha le sac qu'elle tenait à la main.

— Vous pouvez garder cet argent sans scrupule, dit le jeune homme en ramenant en avant le bras de la dame; voici une lettre que j'ai trouvée pour vous parmi celles qui m'attendaient à la Vivetière.—Elle est de madame votre mère, et je vois, ajouta-t-il, après avoir regardé les chouans qui regagnaient le bois et la voiture qui descendait dans la vallée du Couësnon ; je vois que, malgré ma diligence, je ne suis pas arrivé à temps. Fasse le ciel que je me sois trompé dans mes soupçons !...

— C'était l'argent de ma pauvre mère !.. s'écria la dame après avoir décacheté la lettre dont elle lut les premières lignes.

Quelques rires étouffés retentirent dans le bois, et le jeune homme lui-même ne put s'empêcher de sourire en voyant la dame tenant encore à la main le sac qui renfermait sa part dans le pillage de son propre argent. Elle se prit à rire aussi et dit au chef :

— Eh bien ! marquis, Dieu soit loué,

pour cette fois je m'en tire sans péché !..

— Vous mettez donc de la légèreté, même à un remords? dit le jeune homme.

Elle rougit et le regarda avec une contrition si véritable qu'il en fut désarmé.

L'abbé offrit poliment, mais d'un air équivoque, la dîme qu'il venait d'accepter ; et il se disposa à suivre le jeune homme qui se dirigeait vers le chemin détourné par lequel il était venu.

Avant de les rejoindre, la jeune dame fit un signe à Marche-à-terre ; il vint et elle lui dit à voix basse :

— Vous vous porterez en avant de Mortagne ; on m'écrit que les bleus doivent envoyer incessamment à Alençon une forte somme en numéraire, précisément pour subvenir aux préparatifs de la guerre. Si j'abandonne à tes camarades la prise d'aujourd'hui, c'est à condition qu'ils sauront m'en indemniser. Surtout que le Gars ne sache rien de l'expédition; il veut les défendre et s'y opposerait. En cas de malheur, je l'adoucirai.

— Madame, dit le marquis, sur le cheval duquel elle se mit en croupe en abandonnant le sien à l'abbé, nos amis de Paris m'écrivent que cette fois la république essaiera de nous combattre par la ruse et la trahison.

— Ce n'est pas déjà si mal! répondit-elle. — Ils ont de bonnes idées, ces gens-là! Je pourrai prendre part à la guerre et trouver des adversaires.

— Je le crois, car Pichegru m'engage à être scrupuleux et circonspect dans mes amitiés de toute espèce. La république me fait l'honneur de croire que je suis plus dangereux que tous les Vendéens ensemble, et elle compte s'emparer de moi, grâce à mon péché mignon: mais un homme averti en vaut deux.

— Vous défiez-vous de moi? dit-elle en lui frappant le cœur de la main par laquelle elle se tenait à lui.

— Je vous le dirais, Madame.

— Ainsi, reprit l'abbé, la police de Fouché sera plus dangereuse pour nous que les bataillons mobiles des bleus et les contre-chouans.

— Comme vous le dites, mon révérend!

Ils se perdirent dans un dédale de chemins couverts.

A trois ou quatre portées de fusil du plateau désert qu'ils abandonnaient, il se passait une de ces scènes qui, pendant quelque temps encore, devinrent fréquentes sur les grandes routes.

Dans un petit fond qui se trouve au sortir du petit village de la Pélerine, Pille-miche et Marche-à-terre avaient arrêté de nouveau la voiture. Coupiau était descendu de son siége après une molle résistance; le voyageur taciturne, exhumé de sa cachette par les deux chouans, se trouvait agenouillé sur le chemin.

— Qui es-tu? lui demandait Marche-à-terre d'une voix sinistre.

Il gardait le silence, lorsque Pille-miche recommença la question en lui donnant un coup de crosse.

— Je suis, dit-il alors en jetant un regard sur Coupiau, Jacques Pinaud, un pauvre marchand de toile.

Coupiau fit un signe négatif sans croire enfreindre ses promesses; et, d'après ce signe, Pille-miche ajusta le voyageur, pendant que Marche-à-terre lui donna un ultimatum catégorique en ces termes:

— Tu es trop gras pour avoir les soucis des pauvres! Si tu te fais encore demander une fois ton véritable nom, voici mon ami Pille-miche qui va devenir celui de tes héritiers.

— Qui es-tu ?

— Je suis d'Orgemont de Fougères.

— Ah ! ah ! s'écrièrent les deux chouans.

— Ce n'est pas moi qui vous ai nommé, monsieur d'Orgemont, dit Coupiau ; et la Sainte-Vierge m'est témoin que je vous ai bien défendu !...

— Puisque vous êtes monsieur d'Orgemont de Fougères, reprit Marche-à-terre d'un air presque respectueux, nous allons vous laisser aller tranquillement ; mais comme vous n'êtes ni un bon chouan, ni un maudit bleu, quoique ce soit vous qui ayez acheté les biens de l'abbaye de Juvigny, vous nous paierez, ajouta le chouan en ayant l'air de compter ses associés, trois cents écus de six francs pour votre rançon; la neutralité vaut bien cela!

— Trois cents écus de six francs!... répétèrent en chœur le malheureux banquier, Pille-miche et Coupiau, mais avec des expressions diverses.

—Hélas! mon cher monsieur, continua d'Orgemont, je suis ruiné!... *L'emprunt forcé* de cent millions de cette république du diable qui m'a taxé à une somme énorme, m'a mis à sec!

— Combien t'a-t-elle donc demandé, ta république?

— Mille écus, mon cher monsieur, répondit le banquier d'un air piteux, croyant obtenir une remise.

— Si ta république te fait des emprunts forcés aussi considérables, tu vois bien qu'il y a tout à gagner avec nous autres: notre gouvernement est moins cher.....

Trois cents écus, est-ce donc tant pour ta peau?...

— Où les prendrais-je?

— Dans ta caisse! dit Pille-miche, et qu'ils ne soient pas rognés, ou nous te rognerons les ongles au feu.

— Où vous les paierai-je?... demanda d'Orgemont.

— Ta maison de campagne de Fougères n'est pas loin de la ferme de Gibarry où demeure mon cousin Galope-chopine, autrement dit le grand-Jacquot; tu les lui remettras! dit Pille-miche.

— Ce n'est pas régulier, répondit d'Orgemont.

— Qu'est-ce que cela nous fait? reprit Marche-à-terre; songe que s'ils ne sont pas remis à Galope-chopine d'ici à quinze jours, nous te rendrons une petite visite qui te guérirait de la goutte pour toujours si tu l'avais aux pieds.

— Quant à toi, Coupiau, reprit Marche-à-terre, ton nom désormais sera *Mène-à-bien*....

A ces mots les deux chouans s'éloignèrent, et le voyageur remonta dans la voiture qui, grâce au fouet de Coupiau, se dirigea rapidement vers Fougères.

— Si vous aviez eu des armes, lui dit Coupiau, nous aurions pu nous défendre un peu mieux.

— Imbécile, j'ai six mille francs là ! est-ce qu'on peut se défendre avec une somme aussi forte sur soi !...

Mène-à-bien se gratta l'oreille et regarda derrière lui ; mais ses nouveaux camarades avaient complètement disparu.

CHAPITRE VI.

Hulot et ses soldats avaient atteint Ernée. Il s'y arrêta pour déposer ses blessés à l'hôpital de cette petite ville; puis, sans que nul événement fâcheux interrompît leur marche, les débris de sa compagnie arrivèrent à Mayenne. Là, le commandant put, le lendemain, résoudre tous ses doutes relativement à la marche du messager et à l'attaque des chouans.

Peu de jours après, les autorités dirigèrent assez de conscrits patriotes pour que Hulot pût remplir le cadre de sa demi-brigade.

Bientôt des nouvelles peu rassurantes sur l'insurrection se succédèrent. Hulot apprit que la révolte était complète sur tous les points où, pendant la dernière guerre, les chouans et les Vendéens avaient établi les principaux foyers de cet incendie. En Bretagne, les royalistes s'étaient rendus maîtres de Pontorson, afin de se mettre en communication avec la mer. La petite ville de Saint-James, située entre Pontorson et Fougères, avait été prise par eux. Ils paraissaient vouloir en faire momentanément leur place d'armes, le centre de leurs magasins et de leurs opérations; de là, ils pouvaient correspondre sans danger avec la Normandie et le Morbihan. Les chefs subalternes parcouraient les trois pays pour soulever les partisans de la monarchie et arriver à mettre de l'ensemble dans leur entreprise. Ces menées coïncidaient avec les nouvelles venues de la Vendée où des intrigues semblables agitaient la contrée, sous l'influence de quatre chefs célèbres: MM. l'abbé Bernier, d'Autichamp, de Châtillon et Suzannet.

Le chef du vaste plan d'opérations qui se déroulait lentement, mais d'une manière formidable, était réellement le Gars, surnom donné par les chouans à M. le marquis de Montauran, lors de son débarquement. Les renseignemens transmis au ministre par Hulot se trouvaient exacts en tout point. L'autorité de ce chef envoyé du dehors avait été reconnue ; il prenait même assez d'empire sur les chouans pour leur faire concevoir un but plus noble que le pillage et les excès dont ils souillaient la cause généreuse qu'ils avaient embrassée. Le caractère hardi, la bravoure, le sang-froid, la capacité de ce jeune seigneur, semaient d'incroyables espérances au cœur des ennemis de la république, et jamais la sombre exaltation de ces contrées n'avait annoncé un orage aussi redoutable que celui qui se préparait.

Le silence du gouvernement étonna Hulot. Aucune réponse n'était faite aux rapports et aux demandes qu'il adressait à Paris.

— En serait-il maintenant, disait le vieux chef à ses amis, en fait de gouvernement comme en fait d'argent ? Met-on néant à toutes les pétitions.

Mais la nouvelle du retour magique du général Bonaparte et des événemens du 18 brumaire ne tarda pas à se répandre. Les commandans militaires de l'Ouest comprirent le silence des ministres; ils n'en furent que plus impatiens d'être délivrés de la responsabilité qui pesait sur eux et devinrent curieux de juger le nouveau gouvernement. En apprenant que le général Bonaparte avait été nommé premier consul de la république, les militaires éprouvèrent une joie très-vive: ils voyaient, pour la première fois, un de leurs chefs arriver au maniement des affaires. La France, dont le jeune général était l'idole, tressaillit d'espérance. L'énergie de la nation se renouvela. La capitale, qui avait horreur de la sombre attitude qu'elle gardait depuis long-temps, se livra aux fêtes et aux plaisirs dont elle était sevrée. Les premiers actes du consulat ne diminuèrent aucun espoir, et la liberté même ne s'en effaroucha pas.

Le premier consul fit une proclamation aux habitans de l'Ouest. Ces éloquentes allocutions adressées aux masses et dont il était, pour ainsi dire, l'inventeur, produisaient, dans ces temps de patriotisme et de miracles, des effets prodigieux : cette voix retentissait dans le monde comme la voix d'un prophète, car aucune proclamation n'avait été démentie par la victoire.

« HABITANS,

» Une guerre impie embrase une seconde fois les départemens de l'Ouest.

» Les artisans de ces troubles sont des traîtres vendus à l'Anglais ou des brigands qui ne cherchent dans les discordes civiles que l'aliment et l'impunité de leurs forfaits.

» A de tels hommes le gouvernement ne doit ni ménagemens, ni déclaration de ses principes.

» Mais il est des citoyens chers à la patrie qui ont été séduits par leurs artifices; c'est à ces citoyens que sont dues les lumières et la vérité.

» Des lois injustes ont été promulguées et exécutées; des actes arbitraires ont alarmé la sécurité des citoyens et la liberté des consciences; partout des inscriptions hasardées sur des listes d'émigrés ont frappé des citoyens; enfin de grands principes d'ordre social ont été violés.

» Les Consuls déclarent que la liberté des cultes étant garantie par la constitution, la loi du 11 prairial an III, qui laisse aux citoyens l'usage des édifices destinés aux cultes religieux, sera exécutée.

» Le gouvernement pardonnera : il fera grâce au repentir, l'indulgence sera entière et absolue ; mais il frappera quiconque après cette déclaration oserait encore résister à la souveraineté nationale. »

— Eh bien ! disait Hulot après la lecture publique de ce discours consulaire, est-ce assez paternel? Vous verrez cependant que pas un ne se rendra.

Hulot avait raison, cette proclamation ne servit qu'à raffermir chacun dans son parti.

Quelques jours après, Hulot et ses collègues reçurent des renforts. Le nouveau ministre de la guerre leur manda que l'honorable général Brune était désigné pour aller prendre le commandement des troupes dans l'ouest de la France. Hulot, dont on connaissait l'expérience, eut provisoirement l'autorité dans les départemens de l'Orne et de la Mayenne. Une activité inconnue anima bientôt tous les ressorts du gouvernement, et une circulaire du ministre de la guerre et du ministre de la police générale annonça que des mesures vigoureuses et qui seraient confiées aux chefs des commandemens militaires, avaient été prises pour étouffer l'insurrection *dans son principe*. Mais les chouans et les Vendéens avaient profité de l'inaction de la république pour soulever les campagnes et s'en emparer entièrement. Aussi, une nouvelle proclamation consulaire fut adressée. Cette fois le général parlait aux troupes.

« SOLDATS,

» Il ne reste plus dans l'Ouest que des brigands, des émigrés, des stipendiés de l'Angleterre.

» L'armée est composée de plus de soixante mille braves : que j'apprenne bientôt que les chefs des rebelles ont vécu. La gloire ne s'acquiert que par les fatigues ; si on pouvait l'acquérir en tenant son quartier-général dans les grandes villes ou en restant dans de bonnes casernes, qui n'en aurait pas ?..

» Soldats, quel que soit le rang que vous occupiez dans l'armée, la reconnaissance de la nation vous attend. Pour en être dignes, il faut braver l'intempérie des saisons, les glaces, les neiges, le froid excessif des nuits ; surprendre vos ennemis à la pointe du jour et exterminer ces misérables, le déshonneur du nom français.

» Faites une campagne courte et bonne ; soyez inexorables pour les brigands ; mais observez une discipline sévère.

» Gardes nationales, joignez les efforts

de vos bras à celui des troupes de ligne :

» Si vous connaissez parmi vous des hommes partisans des brigands, arrêtez-les ! Que nulle part ils ne trouvent d'asile contre le soldat qui va les poursuivre ; et s'il était des traîtres qui osassent les recevoir et les défendre, qu'ils périssent avec eux ! »

— Quel compère !.. s'écria Hulot, c'est comme à l'armée d'Italie, il sonne la messe et il la dit ! Est-ce parler, cela !...

— Oui, mais il parle tout seul, et en son nom, dit Gérard qui commençait à s'alarmer des suites du 18 brumaire.

— Hé ! sainte guérite, qu'est-ce que cela fait, puisque c'est un militaire ! s'écria Merle.

A quelques pas de là, un groupe de soldats s'était attroupé devant la proclamation affichée sur le mur ; et, comme pas un d'eux ne savait lire, ils la contemplaient, les uns d'un air insouciant, les autres avec curiosité, pendant que deux ou trois cherchaient dans les passans un citoyen qui eût la mine de savoir lire.

— Vois donc, la Clef-des-cœurs, ce que c'est que ce chiffon de papier-là, dit Beau-pied d'un air goguenard à son camarade.

— C'est bien facile à deviner! répondit la Clef-des-cœurs.

A ces mots, tous regardèrent les deux camarades fidèles à jouer leurs rôles.

— Tiens, reprit la Clef-des cœurs en montrant la vignette grossière placée en tête de la proclamation et où depuis peu de jours un compas remplaçait le niveau de 1793; tiens, cela veut dire qu'il faudra que nous autres troupiers nous marchions ferme, car ils ont mis là un compas toujours ouvert : c'est un emblême.

— Mon garçon, ça ne te va pas de faire le savant, cela s'appelle un problême. J'ai servi d'abord dans l'artillerie, reprit Beau-pied, mes officiers ne mangeaient que de ça...

— C'est un emblême.

— C'est un problême.

— Sans vous commander, mon lieutenant, n'est-ce pas que c'est un emblême et non un problême? demanda la Clef-des-cœurs à Gérard qui, tout pensif, suivait Hulot et Merle.

— C'est l'un et l'autre! répondit-il gravement.

— Le lieutenant s'est moqué de nous, reprit Beau-pied; car ce papier-là veut dire que notre général d'Italie est passé consul et que nous allons avoir des capotes et des souliers.

Vers les derniers jours du mois de brumaire, un matin que Hulot faisait manœuvrer sa demi-brigade que des ordres supérieurs avaient concentrée à Mayenne, un exprès envoyé d'Alençon vint lui remettre des dépêches. Pendant leur lecture, Merle et Gérard remarquèrent une assez forte contrariété sur la figure du commandant.

— Allons! s'écria-t-il avec humeur en serrant les papiers au fond de son chapeau ; deux compagnies vont se mettre en marche avec moi et se diriger sur Mortagne. Les chouans y sont... — Vous m'accompagnerez, dit-il à ses deux amis; et si j'y comprends un mot, je veux être fait noble. C'est aussi obscur pour moi que la marche du messager le jour de la Pélerine. Je ne suis peut-être qu'une bête; n'importe, en avant! il n'y a pas de temps à perdre.

— Mon commandant, qu'est-ce que cette carnassière-là, dit Merle en montrant du bout de sa botte l'enveloppe ministérielle de la dépêche, contient donc pour vous révolutionner ?...

— Tonnerre de dieu ! il n'y a rien si ce n'est que l'on nous embête !...

Lorsque le commandant laissait échapper cette expression militaire qui a déjà donné lieu à une observation, elle annonçait toujours quelque tempête. Elle passait dans la demi-brigade pour un thermomètre de la patience du chef. Les intonations remplaçaient les degrés, et la franchise de ce vieux soldat de la république les avait rendus si faciles à compter, que le plus méchant tambour savait son Hulot par cœur, pour peu qu'il joignît à cette connaissance celle des variations de la petite grimace par laquelle le commandant retroussait sa joue droite en clignant des yeux.

Cette fois, le ton de sourde colère que mit Hulot à ce mot, rendit ses deux amis silencieux et circonspects. Les marques même de petite vérole dont son visage guerrier était sillonné paraissaient plus profondes et son teint plus brun que de coutume. Sa large queue bordée de tresses étant revenue sur une de ses épaules quand il remit son chapeau à trois cornes sur sa tête, il la rejeta avec colère et les cadenettes en furent dérangées.

Cependant comme il restait immobile, les poings fermés, les bras croisés avec force sur sa poitrine, la moustache hérissée, Merle se hasarda à lui demander :

— Part-on sur l'heure ?

— Oui, si les gibernes sont garnies ! répondit-il en grommelant.

— Elles le sont.

Hulot fit un geste.

— Portez arme! par file à gauche, en avant, marche !... dit Merle.

Les tambours se mirent en tête des deux compagnies désignées par Gérard; et, au son du tambour, le commandant plongé dans ses réflexions, parut se réveiller. Il sortit de la ville accompagné de ses deux amis auxquels il ne dit pas un mot.

Merle et Gérard se regardèrent silencieusement à plusieurs reprises comme pour se demander — nous tiendra-t-il rigueur? Et tout en marchant ils jetèrent à la dérobée des regards observateurs et goguenards sur Hulot qui murmurait entre ses dents de vagues paroles. Plusieurs fois elles résonnèrent comme des juremens aux oreilles des soldats, et personne n'osa souffler mot, car les vieux soldats de la demi-brigade de Hulot gardaient la discipline sévère de ces troupes républicaines qui avaient fait les campagnes d'Italie sous Bonaparte. La plupart d'entre eux étaient, comme Hulot, les restes de ces fameux bataillons qui capitulèrent à Mayence sous la promesse de ne pas être employés sur les frontières, et l'armée les avait nommés les *Mayençais*. Il était difficile de rencontrer des soldats et des chefs qui se comprissent mieux.

CHAPITRE VII.

Le lendemain de leur départ, Hulot et ses deux amis se trouvaient de grand matin sur la route de Paris à Alençon, à une lieue environ de cette dernière ville, vers Mortagne, dans la partie du chemin qui cotoie les beaux pâturages arrosés par les nombreux détours de la Sarthe.

Ces prairies déroulent leurs trésors, leurs vues pittoresques sur la gauche, tandis que la droite est flanquée des bois épais qui se rattachent à la grande forêt de Menibroud. La berne gauche du chemin est perpétuellement encaissée par des fossés dont les terres, sans cesse rejetées sur les champs, y forment de hauts talus couronnés d'*ajoncs*. C'est le nom donné dans tout l'Ouest au genêt épineux. Cet arbuste, qui s'étale en buissons épais, fournit une excellente nourriture aux chevaux et aux bestiaux pendant l'hiver, mais il servait, en attendant la récolte, à cacher nombre de chouans sur ces chemins auxquels les hautes futaies et la solitude donnaient en quelques endroits un air sombre.

Ces talus et ces ajoncs qui annoncent

au voyageur l'approche de la Bretagne rendaient donc cette belle partie de la route aussi fertile en dangers qu'en pâturages; et ces risques du trajet de Mortagne à Alençon, et d'Alençon à Mayenne, étaient la cause du départ de Hulot. Enfin le secret de sa colère lui échappa.

Il escortait une vieille calèche qui roulait sur le chemin avec une certaine lenteur, car ses soldats fatigués marchaient assez péniblement; et, dans le lointain, les compagnies de bleus, auxquelles il avait succédé et qui retournaient à Mortagne, se voyaient sur la route comme des points noirs. Une de ses deux compagnies se tenait à cent pas en arrière de la calèche, l'autre à cent pas en avant, et Hulot marchant entre Merle et Gérard, à moitié chemin de l'avant-garde et de la calèche, dit tout-à-coup, en serrant la main de Gérard :

— Mille tonnerres ! croiriez-vous que c'est pour accompagner les deux cotillons qui sont dans ce vieux fourgon que le ministre de la guerre nous détache de Mayenne !...

—Mais, mon commandant, quand nous avons pris position tout à l'heure auprès des citoyennes, répondit Gérard, vous les avez saluées d'un air qui n'était pas déjà si gauche.

—Hé ! voilà l'infamie !.. Ces *muscadins* de Paris ne nous recommandent-ils pas les plus grands égards pour leurs femelles !... Peut-on déshonorer de bons et braves patriotes comme nous, en les mettant à la suite d'une jupe ! Oh ! moi, je vais droit mon chemin et je n'aime pas les zigzags chez les autres. Quand j'ai vu Danton avoir des maîtresses, Barras avoir des maîtresses, je leur ai dit : — « Citoyens, quand la république vous a requis, ce n'est pas pour vous amuser comme on s'amusait dans l'ancien régime. Vous me direz à cela que les femmes...— Oh! on a des femmes!... c'est juste : de bons lapins, voyez-vous, cela se doit. Mais, assez causé quand vient le danger. » A quoi donc aurait servi de balayer les abus de l'ancien temps si les patriotes recommençaient ?.. Voyez le premier consul, c'est là un homme! Pas de femmes; toujours à son affaire. Je parierais ma moustache gauche qu'il ignore le sot rôle qu'on nous fait jouer ici...

— Ma foi, commandant, répondit Merle en riant, j'ai aperçu le bout du nez de la jeune dame qui est au fond de la calèche, et j'avoue que tout le monde doit se sentir des doigts pour une aussi belle bague... J'éprouve une singulière démangeaison d'aller tourner autour de cette calèche jaune, pour nouer avec les voyageuses un petit bout de conversation.

— Gare à toi, Merle, dit Gérard; elles sont accompagnées d'un citoyen assez rusé pour te prendre dans un piége.

— Qui? Cet incroyable dont les petits yeux vont incessamment d'un côté du chemin à l'autre, comme s'il voyait des chouans; dont on aperçoit à peine les jambes, et qui, par certains momens, lorsque la calèche cache celles de son cheval, a l'air d'un canard qui lève la tête du milieu d'un pâté! Si ce dadais-là m'empêche jamais de caresser de l'œil cette jolie fauvette....

— Canard, fauvette... oh! mon pauvre Merle, tu es bien dans les volatiles; mais ne te fie pas au canard! Ses yeux verts me paraissent perfides comme ceux d'une vipère et fins comme ceux d'une femme qui pardonne à son mari. Je me défie moins des chouans que de ces avocats dont les figures ressemblent à une carafe de limonade.

— Bah ! s'écria Merle gaiement, avec la permission du commandant, je me risque ! Cette femme-là a des yeux qui sont comme des étoiles ! On peut tout souffrir après les avoir vus ou pour les voir.

—Il est pris, le camarade ! dit Gérard au commandant, car il commence à dire des bêtises.

Hulot fit sa grimace, haussa les épaules et répondit :

— Avant de prendre le potage, je lui conseille de le sentir !...

— Brave Merle ! reprit Gérard en le voyant par la lenteur de sa marche se laisser graduellement gagner par la calèche ; est-il gai ! C'est le seul homme qui puisse rire de la mort d'un camarade sans être taxé d'insensibilité.

— C'est le vrai soldat français !... dit Hulot d'un ton grave.

— Oh ! le voici qui ramène ses épaulettes sur son épaule pour faire voir qu'il est capitaine, s'écria Gérard en riant, comme si le grade y faisait quelque chose !...

La calèche qui allait atteindre Merle renfermait en effet deux femmes dont l'une paraissait être la demoiselle de compagnie de l'autre.

— Ces femmes-là, disait Hulot, vont toujours deux ensemble !

Un petit homme sec et maigre caracolait à côté de la calèche, tantôt en avant, tantôt en arrière ; mais on ne l'avait pas encore vu adresser la parole à ces deux voyageuses privilégiées. La bizarrerie de l'équipage qui ressemblait à une voiture de charlatan, les bagages nombreux, les cartons de celle que le commandant appelait une *princesse*, tout, jusqu'au costume de son cavalier servant, avait encore irrité la bile de Hulot.

Le costume de cet inconnu offrait un exact tableau de la mode qui donna lieu aux caricatures des *Incroyables*. Qu'on se figure ce personnage affublé d'un habit dont les basques étaient si courtes qu'elles laissaient passer cinq ou six pouces du gilet, et les pans si longs qu'ils ressemblaient à une queue. Une cravate énorme semblait, comme le Cocyte, décrire autour de son cou neuf contours, et ce long col supportait une petite tête sortant de ce labyrinthe de mousseline de manière à justifier la comparaison du capitaine Merle.

L'inconnu portait un pantalon collant et des bottes à la Suwaroff; il avait un gros camée blanc et bleu pour épingle à sa chemise; deux chaînes de montre s'échappaient parallèlement de sa ceinture; et ses cheveux, pendant en tire-bouchons de chaque côté des faces, lui couvraient le front.

Enfin, sa tête était enveloppée, comme un bouquet dans un cornet de papier, par le col de sa chemise et le collet de l'habit qui montaient très-haut. Ajoutez à cela l'opposition burlesque des couleurs du pantalon jaune, du gilet rouge, de l'habit cannelle, et l'on aura une image fidèle du suprême bon ton auquel obéissaient les élégans au commencement du consulat.

Ce costume tout-à-fait baroque semblait avoir été inventé pour servir d'épreuve à la grâce et montrer qu'il n'y a rien de si ridicule que la mode ne puisse le consacrer.

Le cavalier paraissait avoir atteint l'âge de trente ans, et malgré cette toilette d'empirique, sa tournure accusait une certaine élégance de manières à laquelle on reconnaissait un homme de l'ancienne bonne société appelé, par ses talens, à gouverner la nouvelle. Lorsque le capitaine se trouva près de la calèche, il parut deviner son dessein et il le favorisa en retardant le pas de son cheval. Merle lui avait jeté un regard sardonique; mais il rencontra un de ces visages impénétrables, accoutumés par les jeux de la révolution à cacher les émotions du cœur.

Au moment où le bout recourbé du vieux chapeau triangulaire du capitaine et son épaulette furent aperçus des dames, une voix d'une angélique douceur lui demanda :

— Monsieur l'officier, auriez-vous la bonté de nous dire où nous sommes en ce moment?...

Il existe un charme inexprimable dans une question faite par une voyageuse inconnue, surtout lorsqu'elle annonce une certaine ignorance des choses. Nul homme ne résiste à la grâce de sa faiblesse; aussi les mots de—Monsieur l'officier—la forme polie dont la demande était accompagnée portèrent-ils un trouble inconnu dans le cœur du capitaine; il leva les yeux vers la voyageuse et fut singulièrement désappointé : un voile jaloux cachait ses traits et ses yeux seuls se voyaient à travers comme deux onyx frappées par le soleil.

— Vous êtes maintenant à une lieue d'Alençon, Madame!

— Alençon!...

Ce mot fut prononcé par la dame inconnue avec une sorte de terreur. Elle se rejeta ou plutôt se laissa aller au fond de la voiture, sans y répondre.

— Alençon! répéta l'autre femme en paraissant se réveiller. Elle regarda le capitaine et se tut. Merle, trompé dans son espérance de voir la belle inconnue, se mit à examiner sa compagne.

C'était une fille d'au moins vingt-six ans, blonde, d'une jolie taille, et dont le teint avait cette fraîcheur de peau, cet éclat nourri qui distingue les femmes de Valognes, de Bayeux et des environs d'Alençon. Le doux regard de ses yeux bleus n'annonçait pas d'esprit, mais une certaine fermeté mêlée de tendresse. Elle portait une robe d'étoffe commune, et ses cheveux, relevés à la mode cauchoise sous un petit bonnet sans aucune prétention, rendaient sa figure charmante de simplicité. Son attitude, sans avoir la noblesse convenue dans les salons, n'était pas dénuée de cette dignité naturelle à une jeune fille modeste qui pouvait contempler le tableau de sa vie passée sans y trouver un seul trait à corriger.

D'un regard, Merle devina en elle une de ces fleurs champêtres qui, transportée dans cette serre parisienne où se concentrent tant de rayons flétrissans, n'avait rien perdu de ses couleurs pures et de sa rustique franchise. L'attitude naïve de la jeune fille et son regard apprirent à Merle qu'elle ne voulait pas d'auditeur; et, quand il s'éloigna, il entendit commencer la conversation entre les deux inconnues.

— Vous êtes partie si précipitamment, dit la jeune campagnarde, que vous n'avez pas seulement pris le temps de vous habiller; vous voilà belle?... Si nous allons plus loin qu'Alençon, il faudra y faire une autre toilette....

— Oh! oh! Francine, reprit l'inconnue; voilà la troisième tentative que tu fais pour apprendre le terme et la cause de ce voyage.

— Je ne vous ai jamais parlé de cela...

— Oui, j'ai bien remarqué ton petit manége. C'est à mon école que, de candide et simple que tu étais, tu as pris un peu de ruse. Tu commences à avoir les interrogations en horreur; et tu as bien raison, mon enfant : de toutes les manières connues d'arracher un secret, c'est la plus niaise.

— Eh bien! reprit Francine, puisqu'on ne peut rien cacher à ces yeux si perçans, convenez, Marie, que votre conduite exciterait la curiosité d'un saint. Hier matin vous étiez sans ressources; nous voici aujourd'hui, les mains pleines d'or, courant la poste, protégées par les troupes du gouvernement; et, ce qui m'effraie, suivies par un homme que je regarde comme votre mauvais génie.

— Qui !... Corentin ? demanda la jeune inconnue avec deux inflexions de voix dont rien ne peut peindre le mépris qu'elles exprimaient, si ce n'est le geste qu'elle fit pour désigner le cavalier.

—Ecoute, Francine, reprit-elle; te souviens-tu de *Patriote*, ce singe que j'avais habitué à contrefaire Danton et qui nous amusait tant.

— Oui, Mademoiselle.

— Eh bien ! en avais-tu peur?..

— Il était enchaîné.

— Mais Corentin est muselé, enfant de Dieu.

— Nous badinions avec Patriote des heures entières, dit Francine; mais il finissait toujours par nous jouer quelque mauvais tour.

A ces mots Francine se plaça vivement au fond de la voiture et auprès de sa maîtresse. Elle lui prit les mains pour les caresser en les pressant avec des manières câlines, s'il est permis de se servir de cette expression familière, et elle lui dit d'une voix affectueuse :

— Mais vous m'avez devinée, Marie, et vous ne me répondez pas. Comment après ces tristesses profondes qui m'ont fait tant de mal, oh ! bien du mal ! pouvez-vous en vingt-quatre heures devenir d'une gaieté folle, comme lorsque vous parliez de vous tuer, méchante ? D'où vient ce changement subit ? J'ai le droit de vous demander un peu compte de votre ame, elle est à moi avant d'être à qui que ce soit, car jamais vous ne serez mieux aimée.... Parlez, Mademoiselle !...

— Eh bien ! Francine, ne vois-tu pas autour de nous le secret de ma gaîeté.... Regarde les houppes jaunies de ces arbres lointains, pas une ne se ressemble...

A les contempler de loin on dirait d'une vieille tapisserie de château. Vois ces haies derrière lesquelles il peut se rencontrer des chouans à toute minute. Quand je les regarde, il me semble apercevoir des canons de fusil. J'aime ce renaissant péril qui nous environne. Chaque fois que la route prend un aspect sombre et que je suppose que nous allons entendre des détonations, mon cœur bat, une sensation inconnue m'agite...; ce n'est ni la peur et toutes ses émotions ravissantes, ni le plaisir; non, c'est le jeu de tout ce qui se meut en moi, c'est la vie.... et quand je ne serais joyeuse que d'avoir animé un peu ma vie!...

— Ah! vous ne me dites rien, cruelle!.. Sainte Vierge! ajouta Francine en levant les yeux au ciel avec douleur, à qui se confessera-t-elle si elle se tait avec moi!..

— Francine! reprit l'inconnue d'un

ton grave, je ne peux pas t'avouer mon entreprise. — Cette fois-ci, oh! je fais mal, très-mal...

— Pourquoi faire le mal, si tu le vois?

— Que veux-tu, je me surprends à penser comme si j'avais cinquante ans, et à agir comme si j'en avais encore quinze... Tu as toujours été ma raison, ma chère créature, mais dans cette affaire-ci j'essaie d'étouffer ma conscience; et, dit-elle avec un soupir affreux, je n'y parviens pas! Or, comment veux-tu que j'aille encore mettre un gros loup comme toi après moi?.. Et elle lui frappa doucement dans la main.

— Hé! quand, s'écria Francine, t'ai-je reproché tes actions? Le mal en toi a de la grâce, et la sainte vierge d'Auray que je prie tant pour toi t'absoudrait de tout!. Enfin ne suis-je pas à tes côtés sur cette route, sans savoir où tu vas?.. Puis, dans son effusion, elle lui serra les mains.

— Mais, reprit Marie, tu peux m'abandonner si ta conscience....

— Toujours terrible!... reprit Francine en faisant une petite moue chagrine. — Oh ! ne me diras-tu pas plutôt...

— Rien! dit la jeune demoiselle d'une voix ferme. Seulement, souviens-toi que je hais cette entreprise encore plus que celui dont la langue dorée me l'a expliquée! Et encore, va! si je veux être bien franche avec toi, je ne me suis rendue à leurs désirs que parce que j'ai entrevu un tel mélange de terreur et d'amour, de roses et d'épines, que je n'ai pas voulu m'en aller de ce bas monde sans avoir essayé d'y cueillir des fleurs, au risque de périr! Mais souviens-toi, pour l'honneur de ma mémoire, que si j'avais été heureuse, l'aspect de la hache prête à tomber sur ma tête ne m'aurait pas fait accepter un rôle dans cette tragédie!...

— Maintenant, dit-elle avec dégoût, si elle n'avait pas lieu, je me jetterais à l'instant dans la Sarthe, et ce ne serait pas un suicide — je n'ai pas encore vécu !

— Oh! sainte Vierge d'Auray, pardonnez-lui !

— De quoi t'effraies-tu? Les vicissitudes ordinaires de la vie domestique n'excitent pas ma sensibilité, tu le sais; mon ame s'en est créé une plus élevée pour supporter de plus fortes épreuves. — Il y a en moi un instinct qui m'avertit que je suis réservée à je ne sais quoi de grand, ou à une jeune mort. — Madame Tallien n'a-t-elle pas fait le 9 thermidor? Ne puis-je donc pas l'imiter. Elle a eu un tort à mes yeux, c'est de ne pas avoir continué de dominer la révolution. Quand une femme s'est élevée au-dessus des deux sexes, elle ne doit pas quitter l'horizon. — Mais Tallien est un pauvre instrument. — Veux-tu savoir ce que je cherche ici? — *Un homme!...* — Un homme pour lequel je ne sois pas, comme je te l'ai dit, une poupée, mais une compagne. Si je ne suis pas Dieu, je veux être son prophète. Aussi, ma chère enfant, si j'envie le sort d'une femme au monde, c'est celui de madame Bonaparte, même quand on viendrait me dire qu'elle est malheureuse. — Mais oublie ce que je te dis, car c'est la femme de cinquante ans qui a parlé, et, Dieu merci! la jeune fille de quinze ans reparaît bien vite.

La jeune campagnarde frémit. Elle seule connaissait le caractère bouillant et impétueux de sa maîtresse. Elle seule était initiée aux mystères de cette ame riche d'exaltation, de cette créature qui, jusque-là, avait vu passer la vie comme une ombre insaisissable. Après avoir semé à pleines mains sans récolter, l'inconnue était restée vierge d'une multitude de désirs trompés : lassée d'une lutte sans adversaire, elle arrivait, dans son désespoir, à préférer le bien au mal quand il s'offrait comme une jouissance ; le mal au bien, quand il présentait quelque poésie ; la misère à la médiocrité, comme quelque chose de plus grand ; l'avenir sombre et inconnu de la mort à une vie pauvre d'espérances ou même de souffrances. Jamais tant de poudre ne s'était amassée pour l'étincelle, jamais tant de richesses à dévorer pour l'amour ; enfin, jamais aucune fille d'Ève n'avait été pétrie avec plus d'or dans son argile.

Semblable à un ange terrestre, Francine veillait sur cet être en qui elle adorait la perfection, croyant accomplir un céleste message, si elle le conservait au chœur des séraphins d'où il semblait banni, en expiation d'un péché d'orgueil.

— Voici le clocher d'Alençon !... dit le cavalier en s'approchant de la voiture.

— J'ai des yeux ! lui répondit sèchement la jeune dame.

— Et de très-beaux !... dit-il en s'éloignant avec les marques d'une soumission servile, malgré son désappointement.

— Allez, allez plus vite ! dit la dame au postillon ; maintenant, il n'y a rien à craindre ; allez au grand trot, ou au galop, si vous pouvez ; ne sommes-nous pas sur le pavé d'Alençon !

En passant devant le commandant, elle lui cria d'une voix douce :

— Nous nous retrouverons à l'auberge, commandant ; venez m'y voir ?

— C'est cela ! répliqua le commandant —à l'auberge !—venez me voir !— Comme ça vous parle à un chef de demi-brigade !..

Et il montrait du poing la voiture qui roulait rapidement sur la route.

— Ne vous en plaignez pas, commandant, dit en riant Corentin qui essayait de mettre son cheval au galop pour rejoindre la voiture; elle a votre grade de général dans sa manche!... Et il partit.

— Ah! que je ne me laisserai pas *embêter* par ces paroissiens-là!... dit Hulot à ses deux amis en grognant; j'aimerais mieux jeter l'habit de général dans un fossé que de le gagner dans un lit. Que veulent-ils donc, ces canards-là? Y comprenez-vous quelque chose, vous autres?..

— Oh! oui, dit Merle, je sais que c'est la femme la plus belle que j'aie jamais vue! — je crois que vous entendez mal la métaphore: c'est la femme du premier consul, peut-être!

— Bah! la femme du premier consul est vieille, et celle-ci est jeune, reprit

Hulot. D'ailleurs, l'ordre que j'ai reçu du ministre m'a appris qu'elle se nomme mademoiselle de Verneuil. C'est une ci-devant. Est-ce que je ne connais pas ça ! Avant la révolution, elles faisaient toutes ce métier-là ; et alors on devenait en deux temps et six mouvemens chef de demi-brigade : il ne s'agissait que de leur bien dire deux ou trois fois — *mon cœur!*

FIN DU TOME PREMIER.

www.ingramcontent.com/pod-product-compliance
Lightning Source LLC
Chambersburg PA
CBHW070610100426
42744CB00006B/445